KB168266

왕초보 탈출 영단어 ABC 시리즈의 특징

1 단어와 필수문장을 신속하게 습득한다 : 하루10분

바쁜 일상 속에서 영어의 기초를 다지고, 나아가 일상회화 및 비즈니스 회화까지 발돋움 할 수 있도록 단어마다 2개의 필수문장을 제공하여 회화 및 글쓰기에 도움이 될 수 있도록 하였다.

2 기초를 다지고자 하는 중고생과 성인들을 위한 단계별 학습 / 문장력 Up!

➔ **Level 1 왕초보 탈출 영단어** 영어를 처음부터 다시 한다는 마음으로 출발
➔ **Level 2 영단어 기본 다지기** 회화력 Up!
  1권에서 왕초보 딱지를 뗀 후, 읽기, 말하기, 쓰기의 중급실력 다지기
➔ **Level 3 영단어 기본 넘기기** 표현력 Up!
  영어기본의 마지막 단계! 영어의 자신감 되찾기 필수코스!

나에게 맞는 단계를 고르기가 쉽지 않았으나,
3권 시리즈를 통하여 1권기초 → 2권기본 → 3권중급으로 발전하는
자신을 발견할 수 있다.

또한 중고생의 기초학습과, 성인들의 읽기, 말하기, 쓰기에 필요한
필수 문장들을 제공하였다.

3 단어, 예문 학습을 위한 배려 – 주석, 풍부한 예문

예문의 주요단어에 *표로 주석을 달아 학습이 용이하며, 발음기호가 어려운 분들을 위한 [한글발음]을 곁들였다.
또한 각 권600단어 1200문장의 풍부한 학습 분량을 단기간에 학습할 수 있도록 구성하였다.

4 메타학습법 – 시간절약, 장기기억

1일/5일 단위의 복습을 통해, 배운 단어를 기억하고, 학습 전 점검을 통해 시간을 절약하면서 효과적으로 학습할 수 있도록 하였다.

왕초보 탈출 영단어 **ABC**

영단어
기본 넘기기 Level 3

표현력 UP
마지막코스, 기본에서 비즈니스까지

김 희 수 지음

MP3 수록 단어 MP3 제공

도서출판

왕초보 탈출 영단어 ABC

Level 3 영단어 기본 넘기기

초판 1쇄 인쇄 | 2019년 11월 1일
초판 1쇄 발행 | 2019년 11월 7일

지은이 | 김회수
펴낸이 | 안대현
디자인 | 시대커뮤니티
펴낸곳 | 도서출판 풀잎
등   록 | 제2-4858호
주   소 | 서울시 중구 필동로 8길 61-16
전   화 | 02-2274-5445/6
팩   스 | 02-2268-3773

ISBN   979-11-85186-82-5 14740

• 이 도서의 국립중앙도서관 출판예정도서목록(CIP)은 서지정보유통지원시스템 홈페이지(http://seoji.nl.go.kr)와
  국가자료공동목록시스템(http://www.nl.go.kr/kolisnet)에서 이용하실 수 있습니다.
  (CIP제어번호 : CIP2019042346)

왕초보 탈출 영단어 ABC

하루 **5~10**분 메타학습의 기적
나에게 맞는 영어교재? 고민 끝! 단계별 학습 가능!

Level 3
영단어 기본 넘기기

Level 1 **왕초보 탈출 영단어** (600단어 2개월 완성)
영어 초보딱지 떼기!

Level 2 **영단어기본 다지기** (600단어 2개월 완성)
독해, 말하기, 글쓰기 필수단어

Level 3 **영단어기본 넘기기** (600단어 2개월 완성)
영어기본의 마지막 코스! 비즈니스까지

김 희 수 지음

도서출판

이 책을 이용하시는 분들께…

단어는 영어의 생명! **단어 + 문장의 초 특급 프로젝트**에 입문!
하셨습니다.

단어지식은 물론 회화, 편지, 비즈니스에 활용되는 문장들을 학습할 수 있습니다.

1 단어

매일 다양한 문장들을 접할 수 있도록 다양한 품사들로 구성하고,
Self-evaluation에서는 가장 자주 쓰이는 의미 위주로 표기했습니다.

[단어배열]

Level 1 중후반에 어려운 단어(어렵지만 중요한) 한 두 개씩 넣었습니다.

Level 2 뒤로 갈수록 단계가 올라가지만, 지루하지 않도록 쉬운 단어도 함께~

Level 3 3권에도 쉬운 단어를 살짝 추가했습니다.

예문에서 새로 등장하는 주요 단어들은 가급적 *로 표시했습니다.

2 예문

회화, 편지, 비즈니스에 활용되는 표현들을 수록했습니다.
'tip', '*'를 참고하시고, 예문 속에 추가된 '*' 단어들도 알아두면
좋습니다.

[예1]

 Tip!

'**by**'의 여러 가지 뜻
①저자: **by** 사람이름 (~저)
②시간: **by** tomorrow (내일까지)
③교통수단: **by** bus (버스를 타고) 이 외에도 다양하게 쓰입니다.

[예2]

3권 Day21	Try to *work out ~ *work out: 운동하다
1권 Day5	History is my favorite *subject. *1-day46
	역사는 내가 좋아하는 *과목이다.

3 발음 표기

❖ 한글 표기는 참고만 하시고, 정확한 발음은 영어사전 및 MP3를 활용하시기 바랍니다.

❖ 한글로 표기하기 어려운 발음은 – '실제 발음'에 치중했습니다.

> F, R과L, Thank you의 Th발음, This의 Th발음 등의 표기
>
> * Thank you의 Th 발음 : [ㅆ]
> * This의 Th 발음: [ㄷ]
> * R발음: run : [런] / bird새: [버~드]
> * L발음: low : [ㄹ로우] lamp: [ㄹ램프] / bell: [벨]
> * F발음: free: [프리] / half: [해프]
> * 약한 모음: old: [오.(올)드] open: [오우픈]
>
> 발음강세:
>
> * [예] happy: [**해**피] 굵은 글자: 강한 발음, 작은 글자: 약한 발음

4 전체구성

메타인지 영단어 학습법 (Metacognitive Word Memory)

메타인지는 '높은 수준의 사고력' 및 '자신을 성찰하는 능력'을 뜻하며,
이것을 학습에 적용하면 '**아는 것과 모르는 것을 구분하여 능률적인 학습이 되도록
하는 능력**'을 의미합니다.

1) **사전진단**(self-test)을 통하여 **모르는 단어들을 미리 확인**할 수 있습니다.
2) **self test 페이지와 learn 페이지의 문장들을 통해 자연스럽게 단어를 익힙니다.**
3) 하루 10단어씩 5일 후면 50개의 단어를 복습하게 되고,
   복습페이지에서 기억이 나지 않는 단어들은 뒤 페이지에서 재확인이 가능합니다.
4) **마지막단계 – 퍼즐**
   최종적으로 배운 단어들을 퍼즐을 통해 점검할 수 있고,
   퍼즐을 좋아하지 않는 분들은
   self-evaluation(자기점검) 후 바로 다음 장으로 넘어가셔도 됩니다!

* 요약하자면 학습구성은 사전진단 후(test) – 배우고(learn) – 복습하기(evaluation)입니다.

5 하루 5~10분의 투자로…

각 문장 안에서 단어들이 어떻게 쓰이는지 숙지하여
다양한 영어환경에 익숙해지시기를 바라며, 여러분의 건투를 빕니다!

메타인지 영단어 학습 Q&A
(Metacognitive Word Memory Q&A)

 자! 이제 아는 단어와 모르는 단어를 어떻게 구분한다는 건가요?

본격적으로 학습하기 전에 셀프 테스트(self-test)를 합니다. 학습 단어를 간단한 문장 속에 넣어 두었습니다. 학습자는 이 문장에서 사용된 단어의 뜻을 생각해보고, 아는 단어에만 √ 표시를 하는 거지요.

 단어를 모르면 문장에서
힌트를 얻는다……,
생각을 바꾸니까
그리 어려워 보이진 않네요.

네, 맞습니다.
이렇게 구성된 페이지의 순서에 따라
한 단계씩 밟아가면 됩니다.
학습에 대한 생각을 바꾸면 학습하는
방법과 태도가 달라집니다.

 네 번째 페이지는 Self Evaluation? 이게 뭐지요?

 첫 페이지 Self Test가 학습하기 전에 아는 것과 모르는 것을 구분하기 위한 것이라면, 네 번째 페이지 Self Evaluation은 학습을 하고 나서 학습 결과를 평가해보기 위한 것입니다.

Q 앗, 여기 나온 문장, 어디서 많이 본 것 같은데요?

A 어디서 봤을까요?
네, 첫 페이지에 제시했던 바로 그 문장 입니다. 이제 학습을 했으니 첫 페이지의 문장을 다시 보면서 배운 단어를 빈칸에 채워봅니다. 문장과 함께 익힌 단어는 기억 속에 잘 남게 됩니다.

Q 이렇게 학습하면 짧은 시간에 많이 공부할 수 있겠어요. 그럼 리뷰 페이지는 어떻게 학습하는 건가요?

A 5일동안 하루 10단어씩 50단어를 학습하게 되는데, 이때 Self Evaluation (자가진단)을 통해 복습이 이루어집니다.

Q 리뷰 첫 페이지에 영단어가 있고, 다음에는 퍼즐퀴즈가 있는데요? 이 영단어의 뜻은 어디에서 확인하죠?

A 네. Self Evaluation(복습진단)에서 기억이 나지 않는 단어에 표를 한 후, 퍼즐 다음 페이지에서 단어의 뜻을 즉시 확인할 수 있습니다. 이러한 방법으로 5일 단위로 효과적인 복습이 가능합니다.

왕초보 탈출 영단어 **ABC**
Level 3 영단어 기본 넘기기 # Contents

| 배열 (5일 단위) |

금주의 단어 확인 → 1일 학습 × 5일 → 금주단어 복습

| 1일 학습 구성 |

Self Test(아는단어 점검) → Learn(학습) → Self Evaluation(복습)

| Test |

금주의 단어 복습 → 퍼즐 → 정답 확인

Contents

왕초보 탈출 영단어 ABC

영단어
기본 넘기기 Level 3

*Day
01 ~ **05**

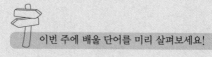

이번 주에 배울 단어를 미리 살펴보세요!

1 hour	11 anybody	21 profile	31 vacation	41 bath
2 benefit	12 journey	22 assignment	32 device	42 lady
3 doubt	13 blame	23 royal	33 strip	43 reaction
4 corner	14 blank	24 region	34 kid	44 statue
5 pace	15 winner	25 palace	35 incident	45 bid
6 horror	16 lip	26 phrase	36 glove	46 adult
7 noise	17 dust	27 farm	37 plate	47 band
8 partner	18 crew	28 legal	38 participate	48 bet
9 shine	19 friendly	29 crazy	39 alive	49 ordinary
10 dear	20 quiet	30 wrap	40 external	50 nervous

👉 **Self Test** : 뜻을 아는 단어에 ☑ 표시하세요.

☐ 1. **hour**
It is a four-*hour* exam.

☐ 2. **benefit**
I greatly *benefit*ed from reading this book.

☐ 3. **doubt**
The judge *doubt*ed his story.

☐ 4. **corner**
Turn on the *corner* and stop!

☐ 5. **pace**
I will continue this work at my own *pace*.

☐ 6. **horror**
We watched a *horror* film.

☐ 7. **noise**
There's a lot of *noise*.

☐ 8. **partner**
This is my new *partner*, Mr. Baker.

☐ 9. **shine**
Do you see the *shin*ing light over there?

☐ 10. **dear**
You are very *dear* to me.

Learn : 모르는 단어 위주로 학습하세요

1. **hour** [auər] [아우어~]

≫ **명**시간

There was a blackout for an **hour**.
한 **시간** 동안 정전이었다.

2. **benefit** [bénəfit] [베너핕]

≫ **명동**이익, 수당, 득이 되다

Singing has health **benefit**s.
노래가 건강에 **도움이 됩니다**.

3. **doubt** [daut] [다울ㅌ]

≫ **명동**의심[하다]

There was no **doubt**.
의심의 여지가 없었습니다.

4. **corner** [kɔ́:rnər] [코~너~]

≫ **명**모서리, 구석

Cars are parked at the **corner**.
차들이 길**모퉁이**에 주차되어 있다.

5. **pace** [peis] [페이쓰]

≫ **명**(일. 걸음 등의)속도, 보조

Please keep **pace** with them.
그들과 **보조**를 맞추어주세요.

Day
1

6. **horror** [hɔ́ːrər] [**호**~러~]

명공포, 무서움

I have a **horror** of spiders.
나는 거미를 **무서워**한다.

7. **noise** [nɔiz] [노이즈]

명소음, 소리

Can you *solve the **noise** from the machine?
기계에서 나는 **소음**을 해결할 수 있습니까? *2-Day18

8. **partner** [páːrtnər] [**파**~트너~]

명동반자

Please *bring your **partner** to dinner.
저녁 식사에 **동반자**와 함께 오십시오. *1-Day43

9. **shine** [ʃain] [샤인]

동비추다, 빛나다 명빛남

Then, the light will **shine** on him.
이제 불빛이 그를 **비출 것**입니다.

10. **dear** [diər] [디어~]

형소중한, 사랑하는

My **dear** friend Teo,
나의 **소중한** 친구 Teo 에게

✏️ **Self Evaluation** : 빈칸에 알맞은 단어를 쓰세요.

1. It is a four- [　　　　] exam.
   그것은 네 **시간**짜리 시험이다.

2. I greatly [　　　　] ed from reading this book.
   이 책에서 큰 **도움**을 받았다.

3. The *judge [　　　　] ed his story.
   심사위원은 그의 이야기를 **의심**했다.　*3-Day11

4. Turn on the [　　　　] and stop.
   모퉁이를 돌아서 멈추세요!

5. I will *continue this work at my own [　　　　] .　*2-Day13
   나는 내 나름의 **속도**로(나름대로) 이 일을 계속할 것이다.

6. We watched a [　　　　] film.
   우리는 **공포** 영화를 보았다.

7. There's a lot of [　　　　] .
   소음이 심하다.

8. This is my new [　　　　] , Mr. Baker.
   이 분은 나의 새 **파트너**인 베이커씨입니다.

9. Do you see the [　　　　] ing light over there?
   저기 **밝은** 빛이 보입니까?

10. You are very [　　　　] to me.
    너는 나에게 매우 **소중하**다.

👉 **Self Test** : 뜻을 아는 단어에 ☑ 표시하세요.

☐ 1. **anybody**
I don't want to tell *anybody*.

☐ 2. **journey**
We had a 10 hour train *journey*.

☐ 3. **blame**
We don't *blame* others.

☐ 4. **blank**
Fill in the *blank*.

☐ 5. **winner**
The *winner* will be announced soon.

☐ 6. **lip**
She always wears red *lip*stick.

☐ 7. **dust**
His shoes were covered with *dust*.

☐ 8. **crew**
She used to be a *crew*.

☐ 9. **friendly**
The host is *friendly* to the visitors.

☐ 10. **quiet**
I would like to sit in a *quiet* area.

Learn : 모르는 단어 위주로 학습하세요

1. **anybody** [énibàdi] [애니바디]

대아무나, 누구나

Anybody can *apply for the job. *3권-Day43
누구나 그 일에 지원할 수 있습니다.

2. **journey** [dʒə́ːrni] [저~니]

명동여행(하다)

journey around the *whole city *1권-Day59
도시 전체를 둘러보며 **여행하다**.

3. **blame** [bleim] [블레임]

동…탓으로 돌리다 명책임, 탓

I will take the ***blame***.
제가 **책임**을 지겠습니다.

4. **blank** [blæŋk] [블랭ㅋ]

명빈칸, 여백 형공백의, 공허한

You can use ***blank*** pages for taking notes.
간단한 필기는 **공백의** 페이지를 이용하시면 됩니다.

5. **winner** [wínər] [위너]

명승자, 수상자

Give a big hand to the ***winner***!
승자에게 큰 박수를 보내주세요!

give a big hand
큰 박수(성원)를
보내다.

Day
2

6. **lip** [lip] [ㄹ립]

> 명입술
>
> *Apply it on your dry *lip*s.
> 마른 **입술** 위에 *발라 주세요. *3권-Day43*

7. **dust** [dʌst] [더ㅅ트]

> 명동먼지(를 털다)
>
> *dust* off my shoes(the window)
> 내 신발의(창문의) **먼지**를 털어 내다

8. **crew** [kru:] [크루우]

> 명승무원, 선원, 패거리
>
> *Crew*s are very friendly.
> **승무원**들이 매우 친절하다.

9. **friendly** [fréndli] [프랜들리]

> 형친절한, 우호적인, 친한
>
> They seem more *friendly* than before.
> 그들이 예전보다 더 **친절한** 것 같다.

10. **quiet** [kwáiət] [콰이엍트]

> 형조용한 명고요
>
> Could you be more *quiet*?
> 좀 더 **조용히** 해 주시겠어요?

✏️ **Self Evaluation** : 빈칸에 알맞은 단어를 쓰세요.

1. I don't want to tell [ ].
   나는 **아무**에게도 말하고 싶지 않다.

2. We had a 10 hour train [ ].
   우리는 10시간의 기차 **여행**을 했다.

3. We don't [ ] others.
   우리는 다른 사람들을 **탓하지** 않습니다.

4. Fill in the [ ].
   빈칸을 채우시오.

5. The [ ] will be *announced soon.
   승자가 곧 발표될 것입니다.   *2권-Day50

6. She always *wears red [ ] stick.
   그녀는 늘 빨간 **립**스틱을 바른다.   *2권-Day30

7. His shoes were covered with [ ].
   그의 구두는 **먼지**투성이었다.

8. She *used to be a [ ].
   그녀는 예전에 **승무원**이었다.

   🖊️ used to + 동사원형:
   ~하곤 했다

9. The host is [ ] to the visitors.
   집주인이 방문객들에게 **친절하다**.

10. I would like to sit in a [ ] area.
    나는 **조용한** 곳에 앉고 싶어요.

☞ **Self Test** : 뜻을 아는 단어에 ☑ 표시하세요.

☐ 1. **profile**

He saw her face in *profile* through the window.

☐ 2. **assignment**

Does the professor give you a lot of *assignment*s?

☐ 3. **royal**

He reports on *royal* stories every month.

☐ 4. **region**

Trees grow well in this *region*.

☐ 5. **palace**

Please don't miss the *palace*s in Seoul.

☐ 6. **phrase**

Now, select the right *phrase*.

☐ 7. **farm**

These fruits are from the local *farm*.

☐ 8. **legal**

She is the *legal* owner of the building.

☐ 9. **crazy**

At first, the idea sounded *crazy*.

☐ 10. **wrap**

Wrap it around your arm.

Learn : 모르는 단어 위주로 학습하세요

1. **profile** [próufail] [프**로**우파일]

　명옆모습, 개요, (신문 등의) 인물소개

　Tell me the ***profile*** of your business.
　이 사업의 **개요**를 말씀해 주세요.

2. **assignment** [əsáinmənt] [어**싸**인먼트]

　명과제, 배치

　I'm working on school ***assignment***s.
　나는 학교 **과제**를 하고 있습니다.

3. **royal** [rɔ́iəl] [**로**이얼]

　형국왕의 **명**왕족

　This is the story of the ***royal*** families.
　이것은 **왕가**에 관한 이야기이다.

4. **region** [ríːdʒən] [**리**전]

　명지방, 지역

　live in a (farming/mountain) ***region***
　(농업 / 산악)**지역**에서 살다

5. **palace** [pǽlis] [**펠**리스]

　명궁전, 큰 저택

　look around the ***palace***
　고궁을 둘러보다.

6. **phrase** [freiz] [프레이즈]

명구절 동표현하다

I'm looking for a catch *phrase*.
나는 기발한 **구절**을 찾고 있습니다.

7. **farm** [fa:rm] [파~암]

명농장 동농사를 짓다

I've never been on a *farm* before.
나는 **농장**에 가 본 적이 한 번도 없다.

8. **legal** [lí:gəl] [ㄹ**리**걸]

형합법적인, 법률과 관련된

take *legal* action *against~
~에 *대하여 **법적** 조치를 취하다. **1권-Day51*

9. **crazy** [kréizi] [크**레**이지]

형정신나간, ~에 미쳐있는, 이상한

They are *crazy* for his music.
그들은 그의 음악에 **열광**한다.

10. **wrap** [ræp] [랩]

동싸다, 포장하다

It is *wrap*ped in a box.
그것은 상자 안에 **포장되어** 있습니다.

Self Evaluation : 빈칸에 알맞은 단어를 쓰세요.

1. He saw her face in [   ] through the window.
   그는 창문을 통해 그녀의 **옆모습**을 보았다.

2. Does the professor give you a lot of [   ]s?
   교수님이 **과제**를 많이 주십니까?

3. He reports on [   ] stories every month.
   그는 매달 **왕실** 소식을 보도한다.

4. Trees grow well in this [   ].
   이 **지역**에서는 나무들이 잘 자란다.

5. Please don't miss the [   ]s in Seoul.
   서울의 **궁전**들을 놓치지 마세요. (꼭 가보세요.)

6. Now, *select the right [   ]. *1권-Day9
   이제, 적당한 **구절**을 선택하세요.

7. These fruits are from the *local [   ].
   이 과일들은 인근 **농장**에서 온 것입니다. *1권-Day25

8. She is the [   ] owner of the building.
   그녀는 건물의 **법적** 소유자이다.

9. At first, the idea sounded [   ].
   처음엔 그 생각이 **이상하게** 들렸다.

10. [   ] it around your arm.
    그것을 팔에 **두르세요**.

👉 **Self Test** : 뜻을 아는 단어에 ☑ 표시하세요.

☐ 1. **vacation**
How was your *vacation* with your family?

☐ 2. **device**
The *device* measures temperature.

☐ 3. **strip**
I need a *strip* of paper.

☐ 4. **kid**
Are there facilities for *kid*s?

☐ 5. **incident**
There were some *incident*s while traveling.

☐ 6. **glove**
Add 2 pairs of *glove*s in the list.

☐ 7. **plate**
This is a soft plastic *plate*.

☐ 8. **participate**
Everyone *participate*d in the survey.

☐ 9. **alive**
We were sure that he was *alive*.

☐ 10. **external**
The *external* view of this house is very great.

Learn : 모르는 단어 위주로 학습하세요

1. **vacation** [veikéiʃən] [베이케이션]

※ 명휴가, 방학

We are here on *vacation* this week.
이번 주 **휴가**로 이 곳에 와 있습니다.

2. **device** [diváis] [디바이쓰]

※ 명장치, 기구

a special (cooking/medical) *device*
특별한 (조리/의료) **기구**

3. **strip** [strip] [스트맆]

※ 통옷을 벗다(벗기다) 명가느다란 조각

The boys *strip*ped off and ran into the river.
소년들이 **옷을 벗고** 강물로 뛰어들어갔다.

4. **kid** [kid] [키ㄷ]

※ 명아이 통농담하다

She is busy taking care of many *kid*s.
그녀는 많은 **아이들**을 돌보느라 바쁘다.

5. **incident** [ínsədənt] [인쓰던ㅌ]

※ 명일, 사건

Both were fired after the *incident*.
그 **사건** 후에 둘 다 해고되었다.

6. **glove** [glʌv] [글러브]

한 켤레인 경우는
늘 **gloves**로 표현함

명 장갑

Wear *glove*s before touching it.
그것을 만지기 전에 **장갑**을 착용하세요.

7. **plate** [pleit] [플레잍트]

그릇의 총칭으로 쓰이는
dish와 구분!

명 판, 접시

Grandmother left food on her *plate*.
할머니가 **접시**에 음식을 남기셨다.

8. **participate** [pɑːrtísəpèit] [파~**티**씨페잍트]

동 참여하다

This meeting is free to *participate* in.
이 모임은 **참여하는** 데 자유롭다.

9. **alive** [əláiv] [얼**라**이브]

형 살아 있는

The dinosaurs look *alive* in this picture.
이 사진 속에서 공룡들이 **살아 있는** 것처럼 보인다.

10. **external** [ikstə́ːrnl] [익ㅆ**터**~늘]

형 외부의, 외용의

This skin cream is for *external* use only.
피부에 바르는 이 크림은 **외용으로**만 쓰인다.

✎ **Self Evaluation** : 빈칸에 알맞은 단어를 쓰세요.

1. How was your [   ] with your family?
   가족과 함께 **휴가** 잘 보내셨습니까?

2. The [   ] measures temperature.
   이 **기구**는 온도를 측정한다.

3. I need a [   ] of paper.
   나는 긴 종이 **조각** 하나가 필요하다.

4. Are there *facilities for [   ]s?
   아이들을 (돌보기)위한 *시설이 있습니까?

   ✎ * facility :
   시설 [fəsíləti]

5. There were some [   ]s while traveling.
   여행하는 동안 **사건**들이 좀 있었어요.

6. *Add 2 pairs of [   ]s in the list.
   명세표에 **장갑** 2켤레를 *추가해 주십시오. *1권-Day32

7. This is a soft plastic [   ].
   이것은 부드러운 플라스틱 **판**입니다.

8. Everyone [   ]d in the survey.
   설문 조사에 모두가 **참여했다.**

9. We were sure that he was [   ].
   우리는 그가 **살아 있다**고 확신했다.

10. The [   ] view of this house is very great.
    이 집의 **외관**이 매우 훌륭하다.

☞ **Self Test** : 뜻을 아는 단어에 ☑ 표시하세요.

☐ 1. **bath**
take a ***bath***/give a ***bath*** to the baby

☐ 2. **lady**
They released fancy items for ***ladies***.

☐ 3. **reaction**
What was his ***reaction*** to the result?

Day
5

☐ 4. **statue**
A ***statue*** was built in memory of a scientist.

☐ 5. **bid**
I ***bid*** $3000 for the painting.

☐ 6. **adult**
The programs were developed for ***adult***s.

☐ 7. **band**
She is a singer with a ***band***.

☐ 8. **bet**
I ***bet*** our team will win two to one.

☐ 9. **ordinary**
An ***ordinary*** looking man came into my office.

☐ 10. **nervous**
Are you ***nervous*** about the interview?

📖 **Learn** : 모르는 단어 위주로 학습하세요

1. **bath** [bæθ] [배 ㅆ]

　　명목욕, 욕조 동목욕시키다
　　The bath towels and **bath** soap are ready.
　　목욕 수건과 비누가 준비되어 있습니다.

2. **lady** [léidi] [ㄹ**래**이디]

　　명숙녀, 여성
　　How may I help you, **lady**?
　　어떻게 도와 드릴까요, **숙녀**분?

3. **reaction** [riækʃən] [리**액**션]

　　명반응
　　a **reaction** to an *accident (the news)
　　사고(소식)에 대한 **반응**　*2-Day52

4. **statue** [stǽtʃuː] [스**태**츄]

　　명동상, 조각상
　　There is an exit behind the **statue**.
　　동상 뒤편에 출구가 있습니다.

5. **bid** [bid] [비 ㄷ]

　　동값을 제의하다 명가격 제시
　　a **bid** for a new business
　　새로운 사업을 위한 **입찰**

6. adult [ədʌ́lt] [어덜트]

명성인 형성인의, 성숙한

The *train fare for **adult**s is 3000won.
성인 *기차요금은 3천원입니다.

7. band [bænd] [밴드]

명밴드, 무리, 끈 동띠를 두르다

fix ~ with a **band**
~를 **밴드**로 고정시키다

8. bet [bet] [밷ㅌ]

동내기를 걸다, 단언하다 명내기

He **bet** $200 in the first round.
그는 1회전에 200달러를 **걸었다**.

9. ordinary [ɔ́:rdənèri] [오~더너리]

형보통의, 일상적인

It's a half of the **ordinary** size.
그것은 **일반** 물품의 절반 크기입니다.

10. nervous [nə́:rvəs] [너~버ㅆ]

형불안해 하는, 긴장한

I am **nervous** about my test *result.
시험 결과로 인해 **긴장이** 된다. *1권-Day42

✏️ **Self Evaluation** : 빈칸에 알맞은 단어를 쓰세요.

1. take a [   ] /give a [   ] to the baby

   목욕을 하다/아기에게 시켜주다.

2. They *released fancy items for [   ] .

   그들은 **숙녀** 용품들을 *출시했다.

3. What was his [   ] to the result?

   결과에 대한 그의 **반응**은 어떠했습니까?

4. A [   ] was built in *memory of a scientist.

   한 과학자를 기념하여 **동상**이 세워졌다. *3권-Day24

5. I [   ] $3000 for the painting.

   나는 그림 **값**으로 3000달러를 **제시**했다.

6. The programs were developed for [   ] s.

   성인들을 위한 프로그램들이 개발되었다.

7. She is a singer with a [   ] .

   그녀는 **밴드**를 거느린 가수이다.

8. I [   ] our team will win two to one.

   단언컨대, 우리팀이 2대 1로 승리할 것입니다.

9. An [   ] looking man came into my office.

   평범해 보이는 한 남자가 내 사무실로 들어왔다.

10. Are you [   ] about the interview?

    면접때문에 **긴장이** 되십니까?

☼ Self Evaluation : 뜻을 아는 단어에 ☑ 표시하세요.

☐ 1 hour	☐ 18 crew	☐ 35 incident
☐ 2 benefit	☐ 19 friendly	☐ 36 glove
☐ 3 doubt	☐ 20 quiet	☐ 37 plate
☐ 4 corner	☐ 21 profile	☐ 38 participate
☐ 5 pace	☐ 22 assignment	☐ 39 alive
☐ 6 horror	☐ 23 royal	☐ 40 external
☐ 7 noise	☐ 24 region	☐ 41 bath
☐ 8 partner	☐ 25 palace	☐ 42 lady
☐ 9 shine	☐ 26 phrase	☐ 43 reaction
☐ 10 dear	☐ 27 farm	☐ 44 statue
☐ 11 anybody	☐ 28 legal	☐ 45 bid
☐ 12 journey	☐ 29 crazy	☐ 46 adult
☐ 13 blame	☐ 30 wrap	☐ 47 band
☐ 14 blank	☐ 31 vacation	☐ 48 bet
☐ 15 winner	☐ 32 device	☐ 49 ordinary
☐ 16 lip	☐ 33 strip	☐ 50 nervous
☐ 17 dust	☐ 34 kid	

Review 1

배운 단어를 얼마나 기억하세요? 정답은 36page 참조
- 맞은 갯수 30개 이하: 수고하셨어요. 한 번만 더 복습^^
- 맞은 갯수 30개 이상: OK! 어려운 단어 복습
- 맞은 갯수 40개 이상: Very Good!!

🔑 Self Evaluation : 빈칸을 채워 보세요.

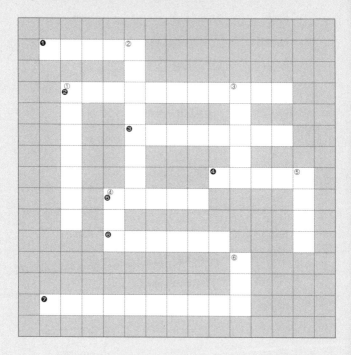

[세로열쇠]

① profile ② external ③ alive ④ bid ⑤ lady ⑥ bet

[가로열쇠]

④ plate ② participate ③ reaction ④ legal ⑤ blame ⑥ device
⑦ assignment

🔑 [세로열쇠]

① He saw her face in [   ] through the window.

② The [   ] view of this house is very great.

③ We were sure that he was [   ].

④ I [   ] $3000 for the painting.

⑤ How may I help you, [   ]?

⑥ I [   ] our team will win two to one.

🗝[가로열쇠]

❶ This is a soft plastic [   ].

❷ Everyone [   ]d in the survey.

❸ What was his [   ] to the result?

❹ She is the [   ] owner of the building.

❺ We don't [   ] others.

❻ The [   ] measures temperature.

❼ Does the professor give you a lot of [   ]s?

Self Evaluation : 뜻 해석

1 시간	18 승무원, 선원, 패거리	35 일, 사건
2 이익(이 되다)	19 친절한, 우호적인	36 장갑
3 의심(하다)	20 조용한	37 판, 접시
4 모서리, 구석	21 옆모습, 개요	38 참여하다
5 (걸음, 일의) 속도	22 과제, 배치	39 살아 있는
6 공포, 무서움	23 국왕의	40 외부의, 외용의
7 소음, 소리	24 지방, 지역	41 목욕, 욕조
8 동반자	25 궁전, 큰 저택	42 숙녀, 여성
9 비추다, 빛나다	26 구절	43 반응
10 소중한, 사랑하는	27 농장	44 동상, 조각상
11 아무나, 누구나	28 합법적인, 법률과 관련된	45 값을 제의하다
12 여행(하다)	29 정신나간, ~에 미쳐있는	46 성인
13 …탓으로 돌리다	30 싸다, 포장하다	47 밴드, 무리, 끈
14 빈칸, 여백	31 휴가, 방학	48 돈을 걸다, 단언하다
15 승자, 우승자	32 장치, 기구	49 보통의, 일상적인
16 입술	33 벗(기)다	50 불안해하는, 긴장한
17 먼지(를 털다)	34 아이	

왕초보 탈출 영단어 **ABC**

영단어
기본 넘기기 Level 3

*Day
06 ~ 10

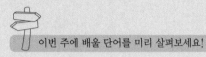
1 amazing	11 peak	21 conclude	31 lab	41 pipe
2 village	12 relation	22 tourist	32 police	42 airport
3 impress	13 town	23 leader	33 harm	43 protection
4 each	14 guest	24 shift	34 church	44 gate
5 lawyer	15 luck	25 knee	35 clerk	45 limit
6 clock	16 airline	26 arrest	36 bunch	46 conference
7 landscape	17 court	27 crash	37 attract	47 attend
8 jury	18 border	28 swing	38 asleep	48 enhance
9 assist	19 qualify	29 pride	39 sudden	49 mark
10 dramatic	20 usual	30 grand	40 tie	50 sweet

👉 **Self Test** : 뜻을 아는 단어에 ☑ 표시하세요.

....

☐ 1. **amazing**

What an *amazing* skill!

☐ 2. **village**

school supplies for a *village* school

☐ 3. **impress**

The design *impress*ed the customer a lot.

☐ 4. **each**

These are lockers for *each* person.

☐ 5. **lawyer**

They hired a *lawyer*.

☐ 6. **clock**

The *clock* is three minutes fast.

☐ 7. **landscape**

look down on a *landscape*

☐ 8. **jury**

(trial by / serve on a) *jury*

☐ 9. **assist**

assist management /small firms

☐ 10. **dramatic**

Our team made a *dramatic* goal.

Day
6

Learn : 모르는 단어 위주로 학습하세요

1. amazing [əméɪzɪŋ] [어메이징]

> 형놀라운, 감탄할 만한
>
> This engine has an *amazing* *function.
> 이 엔진은 **놀라운** *기능을 가지고 있다.

2. village [vílidʒ] [빌리지]

> 명마을
>
> The *village* is *far to walk.   *1권-Day53
> 그 **마을**은 걷기에는 좀 *멀어요.

3. impress [imprés] [임프레쓰]

> 동깊은 인상을 주다
>
> All of us were *impress*ed by his story.
> 우리 모두는 그의 이야기에 **감동받았다**.

4. each [iːʧ] [이이치]

> 대각각의
>
> They are 100 dollars *each*.
> **1개당** 단가가 100달러입니다.

5. lawyer [lɔ́ːjər] [ㄹ로여~]

> 명변호사
>
> *consult a *lawyer* about ~   *2권-Day35
> ~에 대하여 **변호사**와 *상담하다.

6. **clock** [klak] [클랔ㅋ]

> 몡시계 동기록하다, 측정하다
>
> It's 4:30 by the *clock* in my room.
> 내 방의 **시계**로 4시30분입니다.

7. **landscape** [lǽndskeip] [ㄹ랜스케잎ㅍ]

> 몡풍경
>
> The natural *landscape* is really nice here.
> 이곳의 자연**경관**이 정말 좋습니다.

8. **jury** [dʒúəri] [쥬어~리]

> 몡배심원단
>
> The *jury* found her not *guilty.
> **배심원단**은 그녀를 *죄가 없다고 결론지었다. *2권-Day25

9. **assist** [əsíst] [어씨ㅅ트]

> 동돕다
>
> If you want to *assist* the elderly, contact us anytime!
> 노인들을 **돕기**를 원한다면 아무 때나 연락 주십시오.

10. **dramatic** [drəmǽtik] [드러**매**틱ㅋ]

> 혱극적인, 인상적인
>
> *expect a *dramatic* change
> **극적인** 변화를 *기대하다. *3권-Day29

✎ Self Evaluation : 빈칸에 알맞은 단어를 쓰세요.

1. What an ▭ skill!
   정말 **놀라운** 기술이군요!

2. school *supplies for a ▭ school
   마을 학교를 위한 학*용품   *1권–Day42

3. The design ▭ ed the customer a lot.
   디자인이 고객에게 **깊은 인상을 주었다.**

4. These are lockers for ▭ person.
   각 개인을 위한 보관함입니다.

5. They *hired a ▭ .
   그들은 **변호사를** *선임(고용)했다   *3권–Day21

6. The ▭ is three minutes fast.
   시계가 3분 빠르다.

7. look down on a ▭
   풍경을 내려다보다

8. (trial by / serve on a) ▭
   배심재판 / 배심원으로서 일하다

9. ▭ management /small *firms
   경영을/중소기업을 **지원하다**   *2권–Day14

10. Our team made a ▭ goal.
    우리 팀이 **극적인** 골을 넣었다.

Self Test : 뜻을 아는 단어에 ☑ 표시하세요.

☐ 1. **peak**
More buses run at *peak* times.

☐ 2. **relation**
have a close *relation* with (him)

☐ 3. **town**
We have a new branch in this *town*.

☐ 4. **guest**
Are you done with the *guest* list?

☐ 5. **luck**
Good *luck* to you!

☐ 6. **airline**
He is working for an *airline* company.

☐ 7. **court**
The *court* left the decision to the jury.

☐ 8. **border**
There is a village near the *border*.

☐ 9. **qualify**
He did his best to *qualify* as a doctor.

☐ 10. **usual**
These are our *usual* items.

Learn : 모르는 단어 위주로 학습하세요

1. **peak** [pi:k] [피익ㅋ]

명정점, 봉우리 동절정에 달하다 형한창인

The stock price *reached a *peak*.
주가가 **정점**에 *도달했다. *1권-Day10*

2. **relation** [riléiʃən] [릴레이션]

명관계, 친척

the *relation*s between (co-workers)
(직장 동료들) 간의 **관계**

3. **town** [taun] [타운]

명읍(소)도시, 시내

He is out of *town* on business.
그는 출장으로 **시**외에 있습니다.

4. **guest** [gest] [게ㅅ트]

명(가정 혹은 병원 등을 방문하는) 손님

She was invited as a *guest*.
그녀는 **손님**으로 초대되었다.

5. **luck** [lʌk] [ㄹ럭ㅋ]

명행운

Wish me good *luck*!
나에게 **행운**을 빌어주세요!

6. **airline** [erlain] [에어ㄹ라인]

명 항공사

The *airline* has a flight to London.
그 **항공사**는 런던행 노선을 운항 중이다.

7. **court** [kɔːrt] [코~트]

명 법정, 법원

I spend a lot of time in *court*.
나는 **법원**에서 많은 시간을 보낸다.

8. **border** [bɔ́ːrdər] [보오~더~]

명 국경, 경계지역 동 경계를 접하다

a *border* between (the countries)
(국가들)사이의 **경계**(국경)

9. **qualify** [kwάləfài] [콸러파이]

동 자격을 얻다[주다]

She is a **qualified* person for this job.
그녀는 이 일에 (**자격이 있는**) 적임자입니다.

*qualify+ed
: 자격이 있는

10. **usual** [júːʒuəl] [유주얼]

형 평상시의

Your wages will be the same as *usual*.
당신의 임금은 **평소와** 같을 것입니다.

✏️ Self Evaluation : 빈칸에 알맞은 단어를 쓰세요.

1. More buses run at ⬚ times.
   한창 (바쁜)시간에는 더 많은 버스들이 다닌다.

2. have a close ⬚ with (him)
   ~와 긴밀한 **관계**를 갖다.

3. We have a new *branch in this ⬚.
   이 **도시**에 새로 개설된 *지점이 있습니다. *2-Day39

4. Are you *done with the ⬚ list?
   손님 명부는 완료했습니까? *'완료된' do의 과거분사

5. Good ⬚ to you!
   행운을 빕니다!

6. He is working for an ⬚ company.
   그는 **항공사**에서 근무하고 있다.

7. The ⬚ left the decision to the jury.
   법원은 배심원에게 결정을 맡겼다.

8. There is a village near the ⬚.
   국경 근처에 마을이 있습니다.

9. He did his best to ⬚ as a doctor.
   그는 의사 **자격을 얻기** 위해서 최선을 다했다.

10. These are our ⬚ items.
    이것들은 우리의 **일반적인** 품목들입니다.

📑 **Self Test** : 뜻을 아는 단어에 ☑ 표시하세요.

□ 1. **conclude**
   The report ***conclude***d that the option was the best.

□ 2. **tourist**
   The city runs special ***tourist*** buses.

□ 3. **leader**
   He was elected as a ***leader***.

□ 4. **shift**
   The firm ***shift***ed to a new industry.

□ 5. **knee**
   The hole is up to ***knee***s.

□ 6. **arrest**
   He was ***arrest***ed for drunk driving.

□ 7. **crash**
   There was a car ***crash*** in this street.

□ 8. **swing**
   The kid is ***swing***ing his arms in anger.

□ 9. **pride**
   He takes a lot of ***pride*** in his fashion.

□ 10. **grand**
   The event was held in a ***grand*** house.

Learn : 모르는 단어 위주로 학습하세요

1. **conclude** [kənklúːd] [컨클**루**우드]

동결론을 내리다

We will *conclude* from this data.
우리는 이번 자료로 **결론을 지을 것**입니다.

2. **tourist** [túərist] [투어~리스트]

명관광객

A lot of *tourist*s visit Insadong in Seoul.
많은 **관광객**들이 서울의 인사동을 방문한다.

3. **leader** [líːdər] [ㄹ**리**이더~]

명지도자, 선두

He was trained to be a *leader*.
그는 **지도자**가 되기 위해 훈련을 받았다.

4. **shift** [ʃift] [쉽프트]

동옮기다, 이동하다 **명**변화, 교대시간(on a night shift: 야간 근무 중)

I work the morning *shift* this week.
나는 이번 주 오전 근무**조로** 근무한다.

5. **knee** [niː] [니이]

명무릎

Use this when your *knee*s hurt.
무릎이 아플 때 사용하세요.

6. **arrest** [ərést] [어~**레**ㅅㅌ]

명동체포(하다)

The police *arrest*ed him for (~)
경찰은 (~)혐의로 그를 **체포했다**.

7. **crash** [kræʃ] [크래쉬]

동명충돌(하다), 부서지다, 요란한 소리

A heavy stone fell with a big *crash*.
무거운 돌이 큰 **소리**를 내며 떨어졌다.

8. **swing** [swiŋ] [스윙]

동흔들(리)다 명흔들기, 그네

The branches of the tree are *swing*ing by a shock.
나뭇가지들이 충격에 의하여 **흔들리고** 있다.

9. **pride** [praid] [프라이드]

명자부심, 긍지, 자존심

It's a matter of *pride*.
그것은 **자존심** 문제입니다.

10. **grand** [grænd] [그랜드]

형웅장한, 으뜸인

She won the *grand* prize.
그녀는 **대상**을 받았다.

✎ **Self Evaluation** : 빈칸에 알맞은 단어를 쓰세요.

1. The report [   ]d that the option was the best.
   보고서에서는 그 옵션(선택)이 최선이라고 **결론 내렸다.**

2. The city runs special [   ] buses.
   이 도시는 특별 **관광**버스를 운영한다.

3. He was elected as a [   ].
   그는 **지도자**로 선출되었다.

4. The firm [   ]ed to a new *industry.
   그 회사는 새로운 산업으로 **전향했다.**   *1권-Day40*

5. The *hole is up to [   ]s.   *2권-Day60*
   구덩이가 **무릎** 깊이 정도 됩니다.

6. He was [   ]ed for drunk driving.
   그는 음주 운전으로 **체포되었다.**

7. There was a car [   ] in this street.
   이 도로에서 차 **사고**가 있었다.

8. The kid is [   ]ing his arms in anger.
   아이가 화가 나서 팔을 **휘두르고** 있다.

9. He takes a lot of [   ] in his fashion.
   그는 자신의 패션에 많은 **자부심**을 가지고 있다.

10. The event was *held in a [   ] house.
    행사는 **웅장한** 저택에서 열렸다.   *1권-Day59* 'hold'과거분사, 개최된

Self Test : 뜻을 아는 단어에 ☑ 표시하세요.

- [ ] 1. **lab**
  Let's meet in the *lab* in an hour.

- [ ] 2. **police**
  The *police* will guard the place.

- [ ] 3. **harm**
  It won't cause any *harm* to you.

- [ ] 4. **church**
  There will be a *church* on a hill.

- [ ] 5. **clerk**
  Ask the bank *clerk* for it!

- [ ] 6. **bunch**
  decorate with *bunch*es of flowers

- [ ] 7. **attract**
  He was *attract*ed to her.

- [ ] 8. **asleep**
  She is fast *asleep*.

- [ ] 9. **sudden**
  a *sudden* change of the market

- [ ] 10. **tie**
  He *tie*d the package tightly.

Day
9

📖 **Learn** : 모르는 단어 위주로 학습하세요

1. **lab** [læb] [ㄹ 랩]

　명실험실

　Send them to the **lab** for testing.
　실험을 위해 그것들을 **실험실**로 보내주세요.

2. **police** [pəlíːs] [폴**리**ㅆ]

　명경찰

　*Inform the **police** now!
　지금 **경찰**에 *알리세요! *2권-Day55

3. **harm** [haːrm] [하~암]

　통명(손해, 손상)을 입히다
　It will do you no **harm**.
　이것은 인체에 무**해**합니다.

4. **church** [ʧəːrʧ] [처어~치]

　명교회

　He goes to **church** on Sundays.
　그는 일요일마다 **교회**에 간다.

5. **clerk** [kləːrk] [클러~ㅋ]

　명직원, 서기

　She is working as an office **clerk**.
　그녀는 사무실 **직원**으로 일하고 있다.

6. **bunch** [bʌnʧ] [번취]

명 묶음, 다발

a **bunch** of files (books)
한 **다발**(다량)의 파일(책)

7. **attract** [ətrǽkt] [어트**랙**ㅌ]

동 마음을 끌다

This model will **attract** buyers.
이 모형이 구매자들의 **마음을 끌게** 될 것입니다.

8. **asleep** [əslíːp] [어슬**리**잎ㅍ]

형 **부** 잠든, 잠이 들어

Wait until everyone is **asleep**.
모두가 **잠들** 때까지 기다리세요!

9. **sudden** [sʌ́dn] [**써**든]

형 갑작스러운

The machine stopped *sudden*ly.
기계가 갑자기(**갑작스럽게**) 멈추었다.

✎ *sudden+ly
: ~하게

Day
9

10. **tie** [tai] [타이]

동 묶다, 달다 **명** 넥타이, 끈

Please wear a *tie* tomorrow!
내일 **넥타이**를 매십시오!

/ **Self Evaluation** : 빈칸에 알맞은 단어를 쓰세요.

1. Let's meet in the ⬚ in an hour.
   한 시간 후에 **실험실**에서 봅시다.

2. The ⬚ will guard the place.
   경찰이 그곳을 지킬 것입니다.

3. It won't cause any ⬚ to you.
   이 일이 당신에게 **해**를 끼치지 않을 것입니다.

4. There will be a ⬚ on a hill.
   언덕 위에 **교회**가 들어설 예정입니다.

5. Ask the bank ⬚ for it!
   은행 **직원**에게 요청해 보세요!

6. decorate with ⬚es of flowers
   꽃**다발**들로 장식하다.

7. He was ⬚ed to her.
   그는 그녀에게 **매료되었다**(**끌렸다**).

8. She is *fast ⬚.
   그녀는 곤히 **자고** 있다.

   / *'fast': '완전히' 라는
   의미로도 쓰입니다.

9. a ⬚ change of the market
   갑작스러운 시장의 변화

10. He ⬚d the package tightly.
    그는 짐을 단단히 **묶었다**.

☞ **Self Test** : 뜻을 아는 단어에 ☑ 표시하세요.

□ 1. **pipe**
The *pipe* is leaking from morning.

□ 2. **airport**
When are you arriving at the *airport*?

□ 3. **protection**
His study is on nature *protection*.

□ 4. **gate**
Please leave the *gate* open for her.

□ 5. **limit**
We have *limit*ed ability.

□ 6. **conference**
The *conference* will be held in London.

□ 7. **attend**
We will *attend* the presentation.

□ 8. **enhance**
Do you want to *enhance* your sleep quality?

□ 9. **mark**
Prices are *mark*ed inside the box.

Day
10

□ 10. **sweet**
What about a cup of hot *sweet* tea?

📖 **Learn** : 모르는 단어 위주로 학습하세요

1. **pipe** [paip] [파잎ㅍ]

> 명배관, (담배)파이프
>
> We will replace all *pipe*s.
> **배관** 전체를 다 바꿀 것이다.

2. **airport** [erpɔ:rt] [에어포~ㅌ]

> 명공항
>
> pick (someone) up at the *airport*
> **공항**에 (～)를 마중 나가다

3. **protection** [prətékʃən] [프러**텍**션]

> 명보호
>
> It is *due to the *protection* of the law.
> 이것은 법의 **보호** *덕분이다.

4. **gate** [geit] [게잍ㅌ]

> 명문, 탑승구
>
> She is *boarding at the *gate*.
> 그녀가 **탑승구**에서 *탑승하고 있다.

5. **limit** [límit] [ㄹ리밑ㅌ]

> 명한계 통제한하다
>
> You should not speed over the *limit*.
> **한계** 이상의 속도를 넘으면 안 됩니다.

6. **conference** [kánfərəns] [칸퍼런씨]

명회의, 학회

What do you think about the ***conference*** yesterday?
어제 **회의**에 대해서 어떻게 생각하십니까?

7. **attend** [əténd] [어텐드]

통참석하다, 다니다, 주의를 기울이다

Did you ***attend*** every class?
모든 수업에 다 **출석**했습니까?

8. **enhance** [inhǽns] [인핸씨]

통높이다, 향상시키다

enhance (my) driving /speaking skills
운전/말하는 실력을 **높이다**

9. **mark** [ma:rk] [마아~ㅋ]

통표시하다, 채점하다 명흔적

mark the dates on the calendar
달력에 날짜들을 **표시하다**.

10. **sweet** [swi:t] [스위트]

형달콤한 명단 음식

This cookie is too ***sweet***.
이 과자는 너무 **달다**.

Day
10

Self Evaluation : 빈칸에 알맞은 단어를 쓰세요.

1. The [   ] is leaking from morning.

   오전부터 **파이프**가 새고 있다.

2. When are you arriving at the [   ]?

   공항에 언제 도착하실 예정입니까?

3. His study is on nature [   ].

   그의 연구는 자연 **보호**에 관한 것이다.

4. Please *leave the [   ] open for her.

   그녀가 들어올 수 있도록 **문**을 열어*두세요. *1권–Day56

5. We have [   ]ed *ability.

   우리의 *능력에 **한계**가 있습니다. *2–Day20

6. The [   ] will be held in London.

   회의는 런던에서 개최될 것이다.

7. We will [   ] the *presentation.

   우리는 *발표회에 **참석**할 것입니다.

8. Do you want to [   ] your sleep quality?

   수면의 질을 **높이고** 싶습니까?

9. Prices are [   ]ed inside the box.

   가격은 상자 안에 **표시**되어 있다.

10. What about a cup of hot [   ] tea?

    뜨겁고 **달콤한** 차 한잔 어떻습니까?

Self Evaluation : 뜻을 아는 단어에 ☑ 표시하세요.

☐ 1 amazing	☐ 18 border	☐ 35 clerk
☐ 2 village	☐ 19 qualify	☐ 36 bunch
☐ 3 impress	☐ 20 usual	☐ 37 attract
☐ 4 each	☐ 21 conclude	☐ 38 asleep
☐ 5 lawyer	☐ 22 tourist	☐ 39 sudden
☐ 6 clock	☐ 23 leader	☐ 40 tie
☐ 7 landscape	☐ 24 shift	☐ 41 pipe
☐ 8 jury	☐ 25 knee	☐ 42 airport
☐ 9 assist	☐ 26 arrest	☐ 43 protection
☐ 10 dramatic	☐ 27 crash	☐ 44 gate
☐ 11 peak	☐ 28 swing	☐ 45 limit
☐ 12 relation	☐ 29 pride	☐ 46 conference
☐ 13 town	☐ 30 grand	☐ 47 attend
☐ 14 guest	☐ 31 lab	☐ 48 enhance
☐ 15 luck	☐ 32 police	☐ 49 mark
☐ 16 airline	☐ 33 harm	☐ 50 sweet
☐ 17 court	☐ 34 church	

배운 단어를 얼마나 기억하세요? 정답은 62page 참조
• 맞은 갯수 30개 이하: 수고하셨어요. 한 번만 더 복습^^
• 맞은 갯수 30개 이상: OK! 어려운 단어 복습
• 맞은 갯수 40개 이상: Very Good!!

🔑 **Self Evaluation** : 빈칸을 채워 보세요.

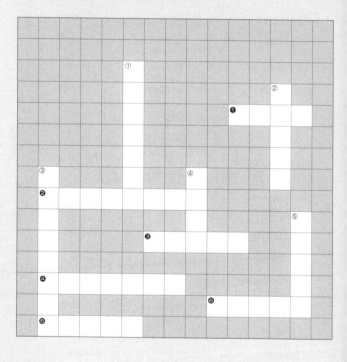

⚷ [세로열쇠]

① He was ⬚ ed to her.

② What about a cup of hot ⬚ tea?

③ Our team made a ⬚ goal.

④ The hole is up to ⬚ s.

⑤ We have ⬚ ed ability.

⚷ [가로열쇠]

❶ We have a new branch in this ⬚.

❷ Have a close ⬚ with (him).

❸ Ask the bank ⬚ for it!

❹ This city runs special ⬚ buses.

❺ The ⬚ is three minutes fast.

❻ Are you done with the ⬚ list?

Self Evaluation : 뜻 해석

1 놀라운, 감탄할 만한	18 국경, 경계	35 직원, 서기
2 마을	19 자격을 얻다[주다]	36 묶음, 다발
3 깊은 인상을 주다	20 평상시의	37 마음을 끌다
4 각각의	21 결론을 내리다	38 잠이든, 잠들어
5 변호사	22 관광객	39 갑작스러운
6 시계	23 지도자, 선두	40 묶다, 달다
7 풍경	24 옮기다, 변화	41 배관, (담배)파이프
8 배심원단	25 무릎	42 공항
9 돕다	26 체포하다	43 보호
10 극적인, 인상적인	27 충돌, 부서지다	44 문
11 정점, 봉우리	28 흔들리다	45 한계
12 관계, 친척	29 자부심, 자존심	46 회의, 학회
13 읍, (소)도시	30 웅장한	47 참석하다, 주의를 기울이다
14 손님	31 실험실	48 높이다, 향상시키다
15 행운	32 경찰	49 표시하다, 흔적
16 항공사	33 손해(를 입히다)	50 달콤한
17 법정, 법원	34 교회	

왕초보 탈출 영단어 ABC

영단어
기본 넘기기 Level 3

*Day
11 ~ **15**

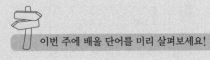

이번 주에 배울 단어를 미리 살펴보세요!

1 son	11 sweep	21 guarantee	31 block	41 height
2 another	12 bone	22 midnight	32 contest	42 grab
3 battle	13 injury	23 sing	33 tongue	43 river
4 slip	14 shower	24 atmosphere	34 transport	44 speech
5 judge	15 monitor	25 nail	35 fuel	45 clothes
6 finger	16 package	26 bitter	36 graduate	46 upset
7 warn	17 operate	27 wonder	37 disagree	47 pin
8 rid	18 install	28 slide	38 lay	48 struggle
9 unfair	19 curious	29 realistic	39 admit	49 afraid
10 brilliant	20 unable	30 brief	40 suitable	50 dangerous

☞ **Self Test** : 뜻을 아는 단어에 ☑ 표시하세요.

□ 1. **son**
She made her *son* an artist.

□ 2. **another**
Would you like *another* drink?

□ 3. **battle**
It is a kind of *battle* with them.

□ 4. **slip**
Write it on the *slip* of paper.

□ 5. **judge**
You should not *judge* it by its looks.

□ 6. **finger**
Rub it with your *finger*!

□ 7. **warn**
It is a final *warn*ing to them.

□ 8. **rid**
I finally got *rid* of my table.

□ 9. **unfair**
I think it is an *unfair* competition.

□ 10. **brilliant**
The *brilliant* experts worked with us.

Learn : 모르는 단어 위주로 학습하세요

---

1. **son** [sʌn] [썬]

> 명 아들
>
> He handed his shop over his **son**.
> 그는 가게를 **아들**에게 넘겨주었다.

2. **another** [ənʌðər] [어**너**더~]

> 형대 더, 또 하나의
>
> Could you wait **another** hour?
> 몇 시간만 **더** 기다리시겠습니까?

3. **battle** [bǽtl] [**배**틀]

> 명 전투 동 싸우다
>
> the **battle** *against time (crime)
> 시간과의(범죄와의) **전쟁**   *1권-Day51

4. **slip** [slip] [슬립 ㅍ]

> 동 미끄러지다 명 실수, 쪽지
>
> **slip** on the wet road / the ice
> 젖은 도로(빗 길)에서/빙판에서 **미끄러지다**.

5. **judge** [dʒʌdʒ] [저 ㄷ지]

> 동 판단하다 명 판사, 심판
>
> It is up to you to **judge**.
> 이것은 당신이 **판단할** 일입니다.

6. **finger** [fíŋɡər] [핑거~]

> 명 손가락
>
> The ring fits your *finger*.
> 반지가 **손가락**에 딱 맞네요.

7. **warn** [wɔːrn] [워~언]

> 통 경고하다
>
> An alarm *rang to *warn* people.
> 사람들에게 **경고하는** 벨이 울렸다.   *ring'울리다'의 과거

8. **rid** [rid] [리ㄷ]

> 통 없애다, 면하다
>
> Get *rid* of your stress here!
> 이곳에서 스트레스를 **해소하세요**!

9. **unfair** [ʌnféər] [언페어~]

> 형 불공평한, 부당한
>
> It's an *unfair* trade.
> 이것은 **불공정한** 거래입니다.

10. **brilliant** [bríljənt] [브릴리언ㅌ]

> 형 훌륭한, 눈부신, 뛰어난
>
> It's all *due to his *brilliant* idea.
> 그의 **창의적인** 생각 *덕분입니다.

Self Evaluation : 빈칸에 알맞은 단어를 쓰세요.

1. She made her ⬚ an artist.
   그녀는 **아들을** 예술가로 만들었다.

2. Would you like ⬚ drink?
   한 잔 **더** 하시겠습니까?

3. It is a kind of ⬚ with them.
   이것은 그들과의 일종의 **전쟁**이다.

4. Write it on the ⬚ of paper.
   종이 **쪽지** 위에 적어주세요.

5. You should not ⬚ it by its looks.
   겉모습으로 **판단하면** 안 됩니다.

6. *Rub it with your ⬚ !
   손가락으로 *문지르세요. *2권-Day60*

7. It is a final ⬚ ing to them.
   그들을 향한 마지막 **경고**입니다.

8. I finally got ⬚ of my table.
   마침내 식탁을 **처분했다.**

9. I think it is an ⬚ *competition. *3권-Day60*
   그것은 **부당한** *경쟁이라고 생각합니다.

10. The ⬚ experts worked with us.
    뛰어난 전문가들이 우리와 함께 했습니다.

☞ **Self Test** : 뜻을 아는 단어에 ☑ 표시하세요.

□ 1. **sweep**
The news *swept* across the city.

> swept
> : sweep의 과거

□ 2. **bone**
Exercise will make your *bone* healthy.

□ 3. **injury**
Be careful not to have an *injury*.

□ 4. **shower**
He was caught in a *shower*.

□ 5. **monitor**
The center *monitor*ed the stage.

□ 6. **package**
When will you send the *package*?

□ 7. **operate**
This program doesn't *operate* on your computer.

□ 8. **install**
We should *install* a sink here.

□ 9. **curious**
He was *curious* about it.

□ 10. **unable**
Those men were *unable* to finish it.

📖 **Learn** : 모르는 단어 위주로 학습하세요

1. **sweep** [swi:p] [스위(이)ㅍ]

　　명동(휩)쓸다, 쓸기

　　sweep the office room
　　사무실을 청소하다(**쓸다**).

2. **bone** [boun] [보운]

　　명뼈

　　He hurt his back *bone*.
　　그는 등**뼈**를 다쳤어요.

3. **injury** [índʒəri] [**인**저~리]

　　명상처, 부상

　　His *injury* has *healed up.
　　그의 **상처**가 *나았다.

4. **shower** [ʃáuər] [**샤**우어~]

　　명동소나기, 샤워(하다)

　　Use this oil after you take a *shower*.
　　샤워 후에 이 오일을 사용하세요.

5. **monitor** [mánətər] [**마**니터~]

　　명화면, 모니터 동추적 관찰하다

　　We will *monitor* the *deal. *1권-Day44*
　　우리는 *거래를 계속 **관찰**할 것이다.

6. **package** [pǽkidʒ] [패키지]

명소포 동포장하다

Put your *package* on the scale.
소포를 저울 위에 올려 주세요.

7. **operate** [ápərèit] [**아**퍼레잍ㅌ]

동작동하다

Could you *operate* this machine?
이 기계를 **작동시켜** 주시겠어요?

8. **install** [instɔ́:l] [인ㅅ**토**올]

동설치하다

The programs were *install*ed.
프로그램 **설치가 되**었습니다.

9. **curious** [kjúəriəs] [**큐**어리어ㅆ]

형궁금한, 별난

I'm *curious* to know who she is.
그녀가 누구인지 **궁금하다**.

10. **unable** [ʌnéibl] [어**네**이블]

형…할 수 없는

I was *unable* to speak.
나는 말을 **할 수가 없었다**.

Self Evaluation : 빈칸에 알맞은 단어를 쓰세요.

1. The news ⬚ across the city.
   그 소식이 도시 전체를 **휩쓸었다.**

2. Exercise will make your ⬚ healthy.
   운동은 당신의 **뼈**를 튼튼하게 해 줄 것이다.

3. Be careful *not to have an ⬚ .
   부상당하지 *않도록 조심하세요.

4. He was caught in a ⬚ .
   그는 **소나기**를 만났다.

5. The center ⬚ ed the *stage.
   본부석에서 *무대를 **관찰했다.** *2–Day2

6. When will you send the ⬚ ?
   언제 **소포**를 보낼 예정이세요?

7. This program doesn't ⬚ on your computer.
   이 프로그램은 당신 컴퓨터에서 **작동하지** 않는다.

8. We should ⬚ a sink here.
   이곳에 개수대를 **설치해야** 합니다.

9. He was ⬚ about it.
   그는 그 일에 **호기심을** 가졌다.

10. Those men were ⬚ to finish it.
    그 남자들은 그것을 완성할 **수 없었다.**

Day
13

📑 **Self Test** : 뜻을 아는 단어에 ☑ 표시하세요.

□ 1. **guarantee**
The stamp will *guarantee* you free entry.

□ 2. **midnight**
I must leave before *midnight*.

□ 3. **sing**
sing loudly (to the piano)

□ 4. **atmosphere**
The *atmosphere* in this room is humid.

□ 5. **nail**
The table was *nail*ed to the floor.

□ 6. **bitter**
learn from *bitter* experience

□ 7. **wonder**
I *wonder* who the man was.

□ 8. **slide**
These doors *slide* open.

□ 9. **realistic**
We need *realistic* goals for our future.

□ 10. **brief**
I'll *brief* you on our progress.

📖 **Learn** : 모르는 단어 위주로 학습하세요

1. **guarantee** [gærəntíː] [개런티이]

동 보장하다 명 굳은 약속, 품질 보증서

We *guarantee* to fix it *for free.
우리는 *무상으로 수리해 드릴 것을 **보장합니다**.

2. **midnight** [mídnàit] [미ㄷ나잍ㅌ]

명 자정, 한밤중

I usually work out until *midnight*.
나는 주로 **자정**까지 운동을 한다.

3. **sing** [siŋ] [씽]

동 노래하다

He is *sing*ing the baby to sleep.
그는 아이를 재우기 위해 **노래를 부르고** 있다.

4. **atmosphere** [ǽtməsfìər] [앹머스피어~]

명 대기, 분위기

I like the *atmosphere* in this café.
이 찻집의 **분위기**가 마음에 듭니다.

5. **nail** [neil] [네일ㄹ]

명 손톱, 못 동 박다, 고정하다

Let me take this *nail* out.
이 **못**을 제거해야겠어요.

Day
13

6. **bitter** [bítər] [비터~]

형(맛이)쓴, 격렬한

It is a **bitter**-sweet story.
희비가 교차한 (달콤하면서 **쓰라린**) 이야기입니다.

7. **wonder** [wʌ́ndər] [원더~]

동궁금하다 명경이로운 것

*No **wonder** they were all *sold out.
(제품들이) 모두 매진된 것은 당연한 일이다. (**놀라운 일이 아니다**)

📝 **Tip!**
- No wonder~ : ~은 당연하다
- sold out : 매진된

8. **slide** [slaid] [슬라이드]

동미끄러지다 명미끄럼틀, 하락

The bike ***slid** down the hill.
자전거가 언덕을 **미끄러져** 내려갔다.

*[slid]
'slide'의 과거

9. **realistic** [rì:əlístik] [리얼리스틱]

형현실성 있는, 현실적인

Let's be more **realistic**.
좀 더 **현실적**으로 생각해 봅시다.

10. **brief** [bri:f] [브리잎ㅍ]

형짧은, 간단한 동…에게 알려주다, 보고하다

Here is a **brief** *video clip.
여기 **간단한** *동영상이 있습니다.

✏️ Self Evaluation : 빈칸에 알맞은 단어를 쓰세요.

1. The stamp will ⬚ you free entry.
   도장이 있으면 무료입장이 **보장된다**.

2. I must leave before ⬚.
   나는 **자정**이 되기 전에 떠나야 한다.

3. ⬚ loudly(to the piano)
   큰 소리로(피아노에 맞추어) **노래하다**.

4. The ⬚ in this room is humid.
   이방의 **공기**가 습하다.

5. The table was ⬚ed to the floor.
   탁자는 못을 박아 바닥에 **고정되었다**.

6. learn from ⬚ *experience
   쓰라린 경험에서 배우다. *1-Day22

7. I ⬚ who the man was.
   나는 그 남자가 누구였는지 **궁금하다**.

8. These doors ⬚ open.
   이 문들은 **미끄러지며** 열린다.

9. We need ⬚ goals for our *future. *1-Day42
   우리는 미래를 위한 **현실적인** 목표가 필요하다.

10. I'll ⬚ you on our *progress. *3-Day59
    우리의 진행 상황에 대하여 간단히 **보고하겠습니다**.

☞ **Self Test** : 뜻을 아는 단어에 ☑ 표시하세요.

□ 1. **block**
The event hall is two *block*s away.

□ 2. **contest**
The *contest* will be in two months.

□ 3. **tongue**
Her recipe was on everyone's *tongue*.

□ 4. **transport**
The *transport* system of Korea is very convenient.

□ 5. **fuel**
We have enough *fuel*.

□ 6. **graduate**
She *graduate*d from an art high school.

□ 7. **disagree**
They *disagree*d with each other.

□ 8. **lay**
Lay the hat on the desk.

□ 9. **admit**
I *admit* my idea was wrong.

□ 10. **suitable**
Could you recommend a *suitable* course for me?

Learn : 모르는 단어 위주로 학습하세요

1. **block** [blak] [블락ㅋ]

통막다 명건물, 사각형 덩어리, 구획

The reporters are *block*ing the door.
취재진들이 문을 **막고** 있습니다.

2. **contest** [kántest] [칸테ㅅ트]

명대회 통경쟁을 벌이다

He was *almost late for the *contest*.
그는 **대회**에 늦을 *뻔 했다.   *¹-Day45 ~뻔하다*

3. **tongue** [tʌŋ] [텅]

*mother tongue
: 모국어

명혀

She spoke French as her *mother *tongue*.
그녀는 *모국**어**인 불어로 말했다.

4. **transport** [trænspɔ́ːrt] [트랜스포~ㅌ]

명통수송, 운송[하다]

transport goods/passengers by train
물품을/승객을 기차로 **수송하다**.

5. **fuel** [fjúːəl] [퓨얼]

명통연료[를 공급하다]

We have *run out of *fuel*.
연료가 다 떨어졌어요.

*run out of
: ~를 다 쓰다

6. **graduate** [grǽdʒuèit] [그**래**쥬에잍ㅌ]

동졸업하다

In a month, you will *graduate* from this school.
한 달 있으면 너는 이 학교를 **졸업**할 것이다.

7. **disagree** [dìsəgríː] [디써그**리**]

동동의하지 않다

He *disagreed* about the matter.
그는 그 문제에 관하여 **동의하지 않았다.**

8. **lay** [lei] [ㄹ레이]

동놓다, 눕히다

Help me *lay* the boxes.
상자들을 내려**놓도록** 도와주세요.

Tip!
· 'lie'(눕다)의 과거형도 'lay'
  ex) He lay on the bed.
  그는 침대에 누웠다.

9. **admit** [ədmít] [어드**밑**ㅌ]

동인정하다

They *admit*ted their mistake.
그들이 실수한 것을 **인정했다.**

10. **suitable** [súːtəbl] [**쑤**터블]

형적합한, 적절한

She is a *suitable* person for the job.
그녀는 그 일에 **적합한** 사람이다.

✏ **Self Evaluation** : 빈칸에 알맞은 단어를 쓰세요.

1. The event hall is two [＿＿＿＿]s away.
   행사장은 두 **블럭** 떨어져 있습니다.

2. The [＿＿＿＿] will be in two months.
   대회는 두 달 후에 열릴 것입니다.

3. Her recipe was on everyone's [＿＿＿＿].
   그녀의 조리법은 **입**소문을 탔다.

4. The [＿＿＿＿] system of korea is very convenient.
   한국의 **수송** 시스템은 매우 편리하다.

5. We have enough [＿＿＿＿].
   우리에게 충분한 **연료**가 있다.

6. She [＿＿＿＿]d from an art high school.
   그녀는 예술고등학교를 **졸업했습니다**.

7. They [＿＿＿＿]d with each other.
   그들은 서로의 의견에 **동의하지 않았다**.

8. [＿＿＿＿] the hat on the desk.
   모자를 책상 위에 **두세요**.

9. I [＿＿＿＿] my idea was wrong.
   내 생각이 틀렸음을 **인정한다**.

10. Could you recommend a [＿＿＿＿] course for me?
    제게 **적합한** 강의를 추천해줄 수 있습니까?

👉 **Self Test** : 뜻을 아는 단어에 ☑ 표시하세요.

□ 1. **height**
It's the same *height* as this bookshelf.

□ 2. **grab**
Let's hurry to *grab* good seats.

□ 3. **river**
Go more along the *river*side road !

□ 4. **speech**
The president's *speech* was reported in the news.

□ 5. **clothes**
These *clothes* are on sale for 20 dollars.

□ 6. **upset**
She's *upset* about his words.

□ 7. **pin**
Pin the price tag on it.

□ 8. **struggle**
They *struggle*d against the difficulties.

□ 9. **afraid**
We are not *afraid* of global markets.

□ 10. **dangerous**
It is *dangerous* to accept his idea.

Learn : 모르는 단어 위주로 학습하세요

1. **height** [hait] [하이트]

> 명 높이, 키
>
> The building is 20meters in **height**.
> 건물의 **높이**는 20미터이다.

2. **grab** [græb] [그랩]

> 동 움켜잡다 명 잡아채기
>
> **Grab** the chance today!
> 오늘 기회를 **잡으세요!**

3. **river** [rívər] [리버~]

> 명 강
>
> The room has a wonderful view of the **river**!
> 방에서 멋진 **강**의 전경이 보입니다!

4. **speech** [spiːʧ] [스**피**이치]

> 명 연설, 담화
>
> He is going to make a **speech** on the *budget.
> 그는 *예산에 관하여 **연설**을 할 예정이다.

\ *예산:[bʌdʒit]

5. **clothes** [klouz] [클로우즈]

> 명 옷
>
> Where do you usually buy **clothes**?
> **옷**을 주로 어디에서 구입하십니까?

6. **upset** [ʌpsét] [엎셑]

동 속상하게 하다, 뒤짚다 형 속상한

Don't be ***upset*** with your scores!
점수 때문에 너무 **속상해하지** 마세요!

7. **pin** [pin] [핀]

명 동 핀[을 꽂다]

She is *wearing a ***pin*** on her scarf.
그녀는 스카프에 **핀**을 꽂고 있다.

*wear
: 핀, 반지, 모자
착용에도 적용

Day
15

8. **struggle** [strʌ́gl] [스트**러**글]

명 투쟁 동 분투하다, 싸우다

We ***struggle***d to make a good motor.
우리는 좋은 모터를 만들기 위해 **분투했습니다**.

9. **afraid** [əfréid] [어프**레**이드]

형 두려워하는, 걱정하는

*I'm ***afraid*** I have another plan.
유감스럽게도 다른 계획이 있습니다.

*I'm afraid~
: 유감이다
(~라고 말하기가 두렵다).

10. **dangerous** [déindʒərəs] [**데**인저러쓰]

형 위험한

The stairs look ***dangerous***!
계단이 **위험해** 보입니다!

✏ **Self Evaluation** : 빈칸에 알맞은 단어를 쓰세요.

1. It's the same ☐ as this bookshelf.
   높이는 이 책장 높이 정도입니다.

2. Let's hurry to ☐ good seats.
   좋은 좌석을 **잡으려면** 서둘러야겠어요.

3. Go more along the ☐ side road !
   강변도로를 따라 좀 더 가세요!

4. The president's ☐ was reported in the news.
   대통령의 **연설**이 뉴스에 보도되었다.

5. These ☐ are *on sale for 20 dollars.
   이 **옷**들은 20달러에 *할인 판매 중이다.

   > 옷 한 벌 :
   > a clothes(X)
   > a suit of clothes(O)

6. She's ☐ about his words.
   그녀는 그가 한 말로 인해 **마음이 상했다**.

7. ☐ the price tag on it.
   가격표를 핀으로 **고정시켜주세요**.

8. They ☐ d against the *difficulties.
   그들은 *어려움과 맞서 **싸웠다**.   *2-Day9 'difficult 의 명사형'

9. We are not ☐ of *global markets.   *2-Day22
   우리는 해외 시장을 **두려워하지** 않습니다.

10. It is ☐ to accept his idea.
    그의 생각을 받아들이는 것은 **위험합니다**.

-☆- Self Evaluation : 뜻을 아는 단어에 ☑ 표시하세요.

☐ 1 son	☐ 18 install	☐ 35 fuel
☐ 2 another	☐ 19 curious	☐ 36 graduate
☐ 3 battle	☐ 20 unable	☐ 37 disagree
☐ 4 slip	☐ 21 guarantee	☐ 38 lay
☐ 5 judge	☐ 22 midnight	☐ 39 admit
☐ 6 finger	☐ 23 sing	☐ 40 suitable
☐ 7 warn	☐ 24 atmosphere	☐ 41 height
☐ 8 rid	☐ 25 nail	☐ 42 grab
☐ 9 unfair	☐ 26 bitter	☐ 43 river
☐ 10 brilliant	☐ 27 wonder	☐ 44 speech
☐ 11 sweep	☐ 28 slide	☐ 45 clothes
☐ 12 bone	☐ 29 realistic	☐ 46 upset
☐ 13 injury	☐ 30 brief	☐ 47 pin
☐ 14 shower	☐ 31 block	☐ 48 struggle
☐ 15 monitor	☐ 32 contest	☐ 49 afraid
☐ 16 package	☐ 33 tongue	☐ 50 dangerous
☐ 17 operate	☐ 34 transport	

Review 3

배운 단어를 얼마나 기억하세요? 정답은 88page 참조
• 맞은 갯수 30개 이하: 수고하셨어요. 한 번만 더 복습^^
• 맞은 갯수 30개 이상: OK! 어려운 단어 복습
• 맞은 갯수 40개 이상: Very Good!!

🔑 **Self Evaluation** : 빈칸을 채워 보세요.

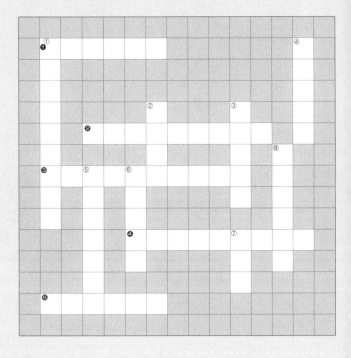

[가로열쇠]
❶ battle ❷ realistic ❸ atmosphere ❹ dangerous ❺ afraid

[세로열쇠]
① brilliant ② slip ③ river ④ brief ⑤ monitor ⑥ slide ⑦ rid ⑧ tongue

♀ [세로열쇠]

① The [_____] experts worked with us.

② Write it on the [_____] of paper.

③ Go more along the [_____] side road !

④ I'll [_____] you on our progress.

⑤ The center [_____]ed the stage.

⑥ These doors [_____] open.

⑦ I finally got [_____] of my table.

⑧ Her recipe was on everyone's [_____].

⚓[가로열쇠]

❶ It is a kind of [_____] with them.

❷ We need [_____] goals for our future.

❸ The [_____] in this room is humid.

❹ It is [_____] to accept his idea.

❺ We are not [_____] of global markets.

Review 3 영단어 기본 넘기기 | Level 3

Self Evaluation : 뜻 해석

1 아들
2 더, 또 하나의
3 전투
4 미끄러지다,쪽지, 실수
5 판단하다, 심판
6 손가락
7 경고하다
8 없애다
9 불공평한, 부당한
10 훌륭한
11 (휩)쓸다, 쓸기
12 뼈
13 상처, 부상
14 샤워[하다], 소나기
15 화면, 모니터
16 소포
17 작동하다
18 설치하다
19 궁금한, 별난
20 …할 수 없는
21 보장하다
22 자정, 한밤중
23 노래하다
24 대기, 분위기
25 손톱, 못
26 (맛이)쓴, 격렬한
27 궁금하다, 경이로운것
28 미끄러지다
29 현실성 있는, 현실적인
30 간단한, 보고하다
31 막다, 구획
32 대회
33 혀
34 수송, 운송[하다]
35 연료[를 공급하다], 박다
36 졸업하다
37 동의하지 않다
38 놓다, 눕히다
39 인정하다
40 적합한, 적절한
41 높이, 키
42 움켜잡다
43 강
44 연설, 담화
45 옷
46 속상하게 하다
47 핀[을 꽂다]
48 투쟁, 분투하다
49 두려워하는, 걱정하는
50 위험한

왕초보 탈출 영단어 **ABC**

영단어
기본 넘기기 Level 3

*Day
16 ~ **20**

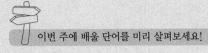
1 revolution	11 wedding	21 instruct	31 grocery	41 mall
2 diligent	12 election	22 cheek	32 rice	42 organic
3 hesitate	13 blow	23 gap	33 nobody	43 ratio
4 layer	14 mine	24 tradition	34 quit	44 appointment
5 much	15 rough	25 fortune	35 hurt	45 shoulder
6 leg	16 pattern	26 guy	36 horse	46 sentence
7 plane	17 counter	27 zone	37 furniture	47 anger
8 intend	18 pull	28 guess	38 regret	48 combine
9 strike	19 compete	29 arrive	39 reward	49 fold
10 dead	20 disappoint	30 powerful	40 shame	50 terrible

Self Test : 뜻을 아는 단어에 ☑ 표시하세요.

☐ 1. **revolution**
The industrial *revolution* has changed the world's economy.

☐ 2. **diligent**
It was easily done by *diligent* workers.

☐ 3. **hesitate**
The customers didn't *hesitate* to decide.

☐ 4. **layer**
The gas will damage the ozone *layer*.

☐ 5. **much**
Your Korean is *much* better now.

☐ 6. **leg**
His *leg* injury is not serious.

☐ 7. **plane**
The *plane* goes directly to France.

☐ 8. **intend**
I did not *intend* to stay long.

☐ 9. **strike**
He began a hunger *strike*.

☐ 10. **dead**
The wind is blowing *dead* leaves.

Day
16

Learn : 모르는 단어 위주로 학습하세요

1. **revolution** [rèvəlúːʃən] [레벌루션]

명혁명

the **revolution** in [education / technology]
교육계의 **혁명** / 기술 **혁신**

2. **diligent** [dílədʒənt] [딜르젼트]

형근면한, 부지런한

prepare (a seminar) **diligent**ly
(강연회)를 **성실하게** 준비하다.

3. **hesitate** [hézətèit] [헤저테이트]

통망설이다, 주저하다

He **hesitate**d about what to do next.
그는 다음에 무엇을 할 지 **망설였다**.

4. **layer** [léiər] [ㄹ레이어~]

명층, 막 통층층이 쌓다

Put it under the **layer**s of *gravel.
그것을 *자갈층 밑으로 두십시오.

5. **much** [mʌtʃ] [머취]

부많이, 훨씬 형많은 대많음

*How **much** can you *afford?
예산은 **얼마나** 되십니까?

* How much~
: '양 혹은 '가격'을 묻는 표현
*afford : ~할 여유가 되다

6. leg [leg] [ㄹ레ㄱ]

§ 명다리

My *leg* is cramped.
다리에 쥐가 났다.

7. plane [plein] [플레인]

§ 형명평면(인), 비행기

Will the *plane* be on time?
비행기가 정시에 도착할까요?

8. intend [inténd] [인**텐**드]

§ 통의도하다, 생각하다

This action was *intend*ed to control prices.
이 조치는 물가 조절을 위해 **의도된** 것이다.

Day
16

9. strike [straik] [ㅅ트라일ㅋ]

§ 통때리다 명투쟁, 파업

He *struck* the table strongly.
그는 탁자를 강하게 **쳤다**.

*struck
: 'strike'의 과거형

10. dead [ded] [데드]

§ 형죽은, 꼼짝 않는 명죽은 사람들 부완전히

He was *dead* tired.
그는 **몹시** 피곤했다.

✏️ **Self Evaluation** : 빈칸에 알맞은 단어를 쓰세요.

....

1. The industrial ⬚ has changed the world's economy.
   산업 **혁명**은 세계의 경제를 변화시켰다.

2. It was easily *done by ⬚ workers.
   그 일은 **부지런한** 일군들에 의해 쉽게 *완성되었다.

3. The *customers didn't ⬚ to decide.
   고객들이 결정하는 데 **주저하지** 않았다. *3-Day28

4. The gas will damage the ozone ⬚.
   이 가스는 오존**층**을 훼손할 것입니다.

5. Your Korean is ⬚ better now.
   한국말이 이제 **많이** 늘었다. (훨씬 나아졌다)

6. His ⬚ injury is not serious.
   그의 **다리** 부상은 심각하지 않다.

7. The ⬚ goes directly to France.
   이 **비행기**는 프랑스로 곧장(논스톱으로) 간다.

8. I did not ⬚ to stay long.
   오래 있을 **생각**은 아니었어요.

9. He *began a hunger ⬚.
   그는 단식 **투쟁**을 *시작했다. *1-Day32 'begin'의 과거

10. The wind is blowing ⬚ leaves.
    바람이 마른(생기 없는)나뭇잎들을 날리고 있다.

👉 **Self Test** : 뜻을 아는 단어에 ☑ 표시하세요.

☐ 1. **wedding**
Best wishes for your *wedding*!

☐ 2. **election**
The local *election* campaign is underway.

☐ 3. **blow**
It is a huge *blow* to the industry.

☐ 4. **mine**
The stamp on the slip is *mine*.

☐ 5. **rough**
Trim the *rough* side!

☐ 6. **pattern**
an unusual (behavior/ speech) *pattern*

☐ 7. **counter**
Leave the ticket at the *counter*.

☐ 8. **pull**
Pull the string this way.

☐ 9. **compete**
I should *compete* against other teams.

☐ 10. **disappoint**
The meeting *disappoint*ed me.

Day
17

Learn : 모르는 단어 위주로 학습하세요

1. **wedding** [wédiŋ] [웨딩]

명 결혼

Lots of guests *attended the **wedding**.
많은 하객(손님)들이 **결혼식**에 참여했다.　*3권-Day10

2. **election** [ilékʃən] [일렉션]

명 선거

(run for / win) an **election**
선거(에 출마하다/에서 이기다)

3. **blow** [blou] [블로우]

통 불다 명 불기, 타격

blow the flute / (my) nose
플루트를 **불다** /코를 **풀다**

4. **mine** [main] [마인]

대 내 것 명 광산

The **mine** will shut down soon.
광산이 곧 문을 닫는다.

5. **rough** [rʌf] [럽프]

형 거친, 대략적인 부 대략

Could you give me a **rough** idea?
개략적인 생각을 말씀해 주시겠습니까?

6. **pattern** [pǽtərn] [패터~언]

명무늬, [행동 등의]유형 통무늬를 만들다

What *pattern* would you like?
어떤 **무늬**를 좋아하십니까?

7. **counter** [káuntər] [카운터~]

명계산대 형반대의 통반박하다

How do you plan to *counter* that?
반박하기 위한 어떠한 계획을 가지고 있습니까?

8. **pull** [pul] [풀]

통끌다, 당기다

Pull the car over here!
차를 여기에 대주세요. (이곳으로 **끌고 오세요**)

9. **compete** [kəmpíːt] [컴피일트]

통경쟁하다

Lots of people *competed* for the prize.
많은 사람들이 입상하기 위해서 **경쟁했다.**

10. **disappoint** [dìsəpɔ́int] [디써포인트]

통실망시키다

Don't be *disappoint*ed at the result!
결과에 **실망하지** 마세요!

✏ **Self Evaluation** : 빈칸에 알맞은 단어를 쓰세요.

1. Best wishes for your ⬚ !
   결혼에 행운이 있기를!

2. The *local ⬚ campaign is underway.
   지방 **선거** 운동이 진행되고 있다. *1권-Day25

3. It is a huge ⬚ to the industry.
   그것은 산업에 큰 **타격**입니다.

4. The stamp on the *slip is ⬚ .
   *전표의 도장은 **제 것**입니다.

5. *Trim the ⬚ side!
   거친 면을 *다듬어 주세요.

6. an unusual (*behavior / speech) ⬚
   특이한 (행동 **유형** / 말투) *2권-Day44

7. Leave the ticket at the ⬚ .
   입장권은 **계산대**에 맡겨 두세요.

8. ⬚ the *string this way.
   *줄을 이쪽으로 **당기세요!** *2권-Day28

9. I should ⬚ *against other teams.
   다른 팀들과 *맞서서 **경쟁해야** 한다.

10. The meeting ⬚ ed me.
    그 모임은 나를 **실망시켰다**.

Self Test : 뜻을 아는 단어에 ☑ 표시하세요.

☐ 1. **instruct**
We will do as our boss *instruct*s.

☐ 2. **cheek**
Put this lotion on your *cheek*s.

☐ 3. **gap**
There is a *gap* between the two systems.

☐ 4. **tradition**
He intends to continue the family *tradition*.

☐ 5. **fortune**
He has made a *fortune* with his business.

☐ 6. **guy**
Did you see the *guy* who delivered this?

☐ 7. **zone**
Keep away from the danger *zone*!

☐ 8. **guess**
Guess how much it is!

☐ 9. **arrive**
I *arrive*d at the school on time.

☐ 10. **powerful**
This engine is much more *powerful*.

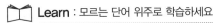

📖 **Learn** : 모르는 단어 위주로 학습하세요

---

1. **instruct** [instrʌ́kt] [인ㅅ트럭트]

〚동〛지시하다, 가르치다

The boss *instruct*ed him to *take measures.
상사는 그에게 조치를 취하도록 **지시했다.**

✎ *take measures
　: 조치를 취하다

2. **cheek** [ʧiːk] [치잌ㅋ]

〚명〛볼, 뺨

Look! Your *cheek*s turned red.
보세요! 당신의 두 **볼**이 빨갛게 되었어요.

3. **gap** [gæp] [개ㅍ]

〚명〛차이, 공백

solve a *gap* of price
가격 **차이**를 해결하다.

4. **tradition** [trədíʃən] [트러**디**션]

〚명〛전통

We respect *tradition*s.
우리는 **전통**을 존중합니다.

5. **fortune** [fɔ́ːrʧən] [포~천]

〚명〛운[행운], 재산

I have to pay a *fortune* in *rent.
*임대료 지급을 위해 많은 **돈**을 지불해야 한다.

6. guy [gai] [가이]

> *(남.여총칭) '사람들'
> ex) You guys are... (여러분은…)

명남자, 사내

He is the *guy who designed this model.
그는 이 모델을 디자인한 **사람**입니다.

7. zone [zoun] [조운]

명구역, 지역

The town will be a business *zone*.
그 도시는 사업 **구역**이 될 것입니다.

8. guess [ges] [게쓰]

명동추측(하다)

*I guess I've had enough.
(식탁에서) 충분히 먹었습니다.

> * I guess
> : ~것 같다

9. arrive [ǝráiv] [어**라**이브]

동도착하다

*Text me if you *arrive* late!
늦게 **도착하면** 문자 주십시오! *3권-Day18*

Day 18

10. powerful [páuǝrfǝl] [**파**우어~플]

형강력한

We need a *powerful* *medicine (support).
강력한 치료약(지원)이 필요하다. *2권-Day18*

/ **Self Evaluation** : 빈칸에 알맞은 단어를 쓰세요.

1. We will do as our boss [   ]s.
   우리는 상사가 **지시한 대로** 할 것이다.

2. Put this lotion on your [   ]s.
   두 **볼**에 이 로션을 바르세요.

3. There is a [   ] between the two systems.
   두 시스템 사이에 **차이**가 있습니다.

4. He intends to continue the family [   ].
   그는 가문의 **전통**을 이어가고자 한다.

5. He has made a [   ] with his business.
   그는 사업을 통해 큰 돈(**재산**)을 벌었다.

6. Did you see the [   ] who *delivered this?
   이것을 배달한 **남자**를 보았습니까? *2-Day46

7. Keep away from the danger [   ]!
   위험 **구역**에서 멀리하세요.

8. [   ] how much it is!
   가격이 얼마인지 **추측**해 보십시오!

9. I [   ]d at the school on time.
   나는 정각에 학교에 **도착했다**.

10. This engine is much more [   ].
    이 엔진은 훨씬 더 **강력합니다**.

☞ **Self Test** : 뜻을 아는 단어에 ☑ 표시하세요.

☐ 1. **grocery**
   I went to the *grocery* store to get items.

☐ 2. **rice**
   This food was made from *rice*.

☐ 3. **nobody**
   Nobody dropped by my room.

☐ 4. **quit**
   I didn't get any notice to *quit*.

☐ 5. **hurt**
   She *hurt* her ankle while exercising.

☐ 6. **horse**
   The *horse* would not move.

☐ 7. **furniture**
   Replace a piece of *furniture*.

☐ 8. **regret**
   I don't *regret* my decision.

Day 19

☐ 9. **reward**
   You deserve a *reward* for your efforts.

☐ 10. **shame**
   What a *shame*!

Learn : 모르는 단어 위주로 학습하세요

1. **grocery** [gróusəri] [그로우쎠리]

명식료품(가게)

buy **groceries** /go **grocery** shopping
식료품을 구입하다/(식품 구입을 위해)장을 보러 가다.

2. **rice** [rais] [라이쓰]

명밥, 쌀

Add some cooked **rice** to the pan.
팬에 약간의 **밥**(익힌 **쌀**)을 추가하세요.

3. **nobody** [nóubàdi] [노우바디]

대아무도…않다

Nobody wants to be with him.
아무도 그와 함께하고 싶어하지 않는다.

4. **quit** [kwit] [퀼ㅌ]

동그만두다

There were many times I wanted to **quit**.
그만두고 싶었던 순간이 많았다.

5. **hurt** [hə:rt] [허~ㅌ]

동명다치게 하다, 아프다, 상처

I **hurt** my foot./ My foot **hurts** a lot.
나는 발을 *다쳤다. / 내 발이 *아프다.

 Tip!

• 'hurt' 의미변화에 유의!
ex) I got hurt.(다쳤다)
    My ear hurts.(아프다)

6. **horse** [hɔːrs] [호~쓰]

　명 말

　I'm learning to ride a ***horse***.
　승마(**말** 타기)를 배우고 있습니다.

7. **furniture** [fɔ́ːrnitʃər] [퍼~니쳐~]

　명 가구

　*Select ***furniture*** for the living room.
　거실에 둘 **가구**를 *선택하세요. *1권-Day9*

8. **regret** [rigrét] [리ㄱ**레**ㅌ]

　동 후회하다, 유감이다

　You'll ***regret*** it if you don't go to the concert.
　그 콘서트에 가지 않으면 **후회할** 것이다.

9. **reward** [riwɔ́ːrd] [리워~ㄷ]

　명 동 보상, 보답[하다]

　You will be ***reward***ed soon!
　당신은 곧 **보상**을 받을 것입니다.

10. **shame** [ʃeim] [쉐임]

　명 수치, 애석한 일 동 창피를 주다

　There's no ***shame*** in learning.
　배우는 데 있어 **부끄러움**이란 없다.

✏️ **Self Evaluation** : 빈칸에 알맞은 단어를 쓰세요.

1. I went to the ⬚⬚⬚⬚⬚ store to get items.
   나는 물품들을 구입하기 위해 **식료품** 가게에 갔다.

2. This food was made from ⬚⬚⬚⬚⬚.
   이 음식은 **쌀**로 만들었습니다.

3. ⬚⬚⬚⬚⬚ dropped by my room.
   내 방에 **아무도** 들르지 않았습니다.

4. I didn't get any notice to ⬚⬚⬚⬚⬚.
   나는 **그만하라는** 통지를 받지 못했습니다.

5. She ⬚⬚⬚⬚⬚ her ankle while exercising.
   그녀는 운동하는 동안 발목을 **다쳤다**.

6. The ⬚⬚⬚⬚⬚ would not move.
   말은 꼼짝도 하지 않으려고 했다.

7. Replace a piece of ⬚⬚⬚⬚⬚.
   가구 하나를 교체하다.

8. I don't ⬚⬚⬚⬚⬚ my decision.
   내 결정을 **후회하지** 않습니다.

9. You *deserve a ⬚⬚⬚⬚⬚ for your *efforts.
   당신의 노력은 **보상**받을 만하다. *2권-Day8

   ✏️ *deserve [dizə:rv]
   : ~할 만하다

10. What a ⬚⬚⬚⬚⬚ !
    참으로 **안타까운** 일이다!

👉 **Self Test** : 뜻을 아는 단어에 ☑ 표시하세요.

□ 1. **mall**
Get off at the shopping *mall* stop.

□ 2. **organic**
We deal with only *organic* food.

□ 3. **ratio**
The *ratio* of the two groups is 5:5.

□ 4. **appointment**
I'd like to reschedule our *appointment*.

□ 5. **shoulder**
I have a *shoulder*-length hair.

□ 6. **sentence**
This *sentence* should be corrected.

□ 7. **anger**
He shouted at people in *anger*.

□ 8. **combine**
Combine these two materials!

□ 9. **fold**
Fold the cover page in half!

□ 10. **terrible**
It was a *terrible* day.

Day
20

Learn : 모르는 단어 위주로 학습하세요

1. **mall** [mɔːl] [모올]

명상점가, 산책로

Feel *free to look around the ***mall***.
*편안히 **쇼핑몰**을 둘러보세요!

2. **organic** [ɔːrɡǽnik] [오~**개**닉]

형유기(농)의, 장기의

We use only ***organic*** vegetables.
우리는 **유기농** 채소들만 사용합니다.

3. **ratio** [réiʃou] [**레**이쇼(우)]

명비율

The new product ***ratio*** will reach 20% soon.
신제품 **비율**이 곧 20%에 도달할 것이다.

4. **appointment** [əpɔ́intmənt] [어**포**인ㅌ먼ㅌ]

명약속

keep (cancel) my ***appointment***
내가 한 **약속**을 지키다(취소하다)

5. **shoulder** [ʃóuldər] [**쇼**울더]

명어깨

The boss patted him on the ***shoulder***.
상사가 그의 **어깨**를 (격려하며) 두드렸다.

6. **sentence** [séntəns] [쎈턴쓰]

몡문장, (형의)선고 통형을 선고하다

I'd like some simple *sentence*s.
간단한 **문장**들로 했으면 합니다.

7. **anger** [ǽŋgər] [앵거~]

몡화, 분노

It caused public *anger*.
그 일은 대중들의 **분노**를 일으켰다.

8. **combine** [kəmbáin] [컴**바**인]

통결합하다

This model is *combine*d with a printer.
이 모델은 프린터와 **결합된** 것입니다.

9. **fold** [fould] [포울드]

통접다

I *fold*ed it and put it in the drawer.
내가 **접어**서 서랍에 넣어 두었다.

10. **terrible** [térəbl] [테러블]

형끔찍한, 엄청난

This pill is for your *terrible* headache.
이 알약은 **심한** 두통을 (해결하기) 위한 것입니다.

✏️ **Self Evaluation** : 빈칸에 알맞은 단어를 쓰세요.

1. Get off at the shopping ☐ stop.
   쇼핑몰 역에서 내리세요.

2. We deal with only ☐ food.
   우리는 **유기농** 식품만 취급합니다.

3. The ☐ of the two groups is 5:5.
   두 조의 **비율**은 5:5입니다.

4. I'd like to *reschedule our ☐.
   약속을 *다시 잡고 싶습니다.

5. I have a ☐ -length hair.
   내 머리는 **어깨**까지 내려온다.

6. This ☐ should be *corrected.
   이 **문장**은 *수정되어야 합니다. *2권-Day11

7. He shouted at people in ☐.
   그는 **화**가 나서 사람들에게 외쳤다.

8. ☐ these two materials!
   이 두 재료들을 **결합해** 보세요!

9. ☐ the cover page in half!
   겉장을 반으로 **접어주세요**!

10. It was a ☐ day.
    정말 **끔찍한** 하루였다.

Self Evaluation : 뜻을 아는 단어에 ☑ 표시하세요.

☐ 1 revolution	☐ 18 pull	☐ 35 hurt
☐ 2 diligent	☐ 19 compete	☐ 36 horse
☐ 3 hesitate	☐ 20 disappoint	☐ 37 furniture
☐ 4 layer	☐ 21 instruct	☐ 38 regret
☐ 5 much	☐ 22 cheek	☐ 39 reward
☐ 6 leg	☐ 23 gap	☐ 40 shame
☐ 7 plane	☐ 24 tradition	☐ 41 mall
☐ 8 intend	☐ 25 fortune	☐ 42 organic
☐ 9 strike	☐ 26 guy	☐ 43 ratio
☐ 10 dead	☐ 27 zone	☐ 44 appointment
☐ 11 wedding	☐ 28 guess	☐ 45 shoulder
☐ 12 election	☐ 29 arrive	☐ 46 sentence
☐ 13 blow	☐ 30 powerful	☐ 47 anger
☐ 14 mine	☐ 31 grocery	☐ 48 combine
☐ 15 rough	☐ 32 rice	☐ 49 fold
☐ 16 pattern	☐ 33 nobody	☐ 50 terrible
☐ 17 counter	☐ 34 quit	

배운 단어를 얼마나 기억하세요? 정답은 114page 참조
• 맞은 갯수 30개 이하: 수고하셨어요. 한 번만 더 복습^^
• 맞은 갯수 30개 이상: OK! 어려운 단어 복습
• 맞은 갯수 40개 이상: Very Good!!

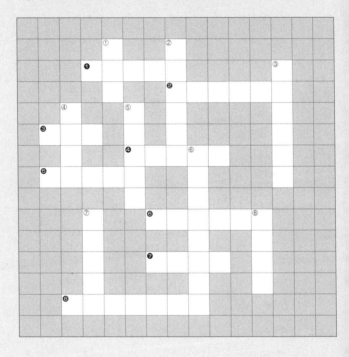

🔑 **Self Evaluation** : 빈칸을 채워 보세요.

[세로열쇠]

①gap ②arrive ③strike ④much ⑤anger ⑥sentence ⑦ratio

⑧dead

[가로열쇠]

❶layer ❷regret ❸guy ❹guess ❺shame ❻intend ❼zone

❽combine

⚷ [세로열쇠]

① There is a [   ] between the two systems.

② I [   ]d at the school on time.

③ He began a hunger [   ].

④ Your Korean is [   ] better now.

⑤ He shouted at people in [   ].

⑥ This [   ] should be corrected.

⑦ The [   ] of the two groups is 5:5.

⑧ The wind is blowing [   ] leaves.

⚷ [가로열쇠]

❶ The gas will damage the ozone [   ].

❷ I don't [   ] my decision.

❸ Did you see the [   ] who delivered this?

❹ [   ] how much it is.

❺ What a [   ] !

❻ I didn't [   ] to stay long.

❼ Keep away from the danger [   ] !

❽ [   ] these two materials!

Self Evaluation : 뜻 해석

1 혁명	18 끌다, 당기다	35 다치게하다,아프다
2 근면한, 부지런한	19 경쟁하다	36 말
3 망설이다, 주저하다	20 실망시키다	37 가구
4 층, 막	21 지시하다, 가르치다	38 후회하다. 유감이다
5 많이, 훨씬	22 볼, 뺨	39 보상, 보답[하다]
6 다리	23 차이, 공백	40 수치,애석한일
7 비행기	24 전통	41 상점가
8 의도하다, 생각하다	25 행운, 재산	42 유기(농)의, 장기의
9 때리다	26 남자, 사내	43 비율
10 죽은	27 구역, 지역	44 약속
11 결혼	28 추측하다	45 어깨
12 선거	29 도착하다	46 문장, 선고
13 불다, 타격	30 강력한	47 화
14 내 것, 광산	31 식료품(가게)	48 결합하다
15 거친, 대략(적인)	32 밥, 쌀	49 접다
16 무늬,유형	33 아무도…않다	50 끔찍한, 엄청난
17 계산대, 반박하다	34 그만두다	

왕초보 탈출 영단어 ABC

영단어
기본 넘기기 Level 3

*Day
21 ~ **25**

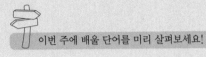

이번 주에 배울 단어를 미리 살펴보세요!

1 actor	11 item	21 version	31 painting	41 collection
2 skill	12 track	22 energy	32 apartment	42 flight
3 officer	13 base	23 sale	33 memory	43 recipe
4 member	14 lot	24 none	34 cancel	44 population
5 report	15 shoot	25 earn	35 appreciate	45 survive
6 hire	16 stand	26 discover	36 title	46 agree
7 happen	17 join	27 require	37 basically	47 across
8 regularly	18 behind	28 closely	38 between	48 though
9 western	19 hopefully	29 along	39 popular	49 total
10 classic	20 strong	30 junior	40 narrow	50 official

☞ **Self Test** : 뜻을 아는 단어에 ☑ 표시하세요.

☐ 1. **actor**

You can see many famous *actor*s in this film.

☐ 2. **skill**

lack (learn) *skill*s for the job

☐ 3. **officer**

The security *officer*s have just left.

☐ 4. **member**

What are the benefits to *member*s?

☐ 5. **report**

This *report* discusses on market trends.

☐ 6. **hire**

She was *hire*d three years ago.

☐ 7. **happen**

I *happen*ed to hear about his promotion.

☐ 8. **regularly**

The rent was paid *regularly* every month.

☐ 9. **western**

It seems like a scene from a *western* movie.

☐ 10. **classic**

It's a *classic* moral story.

Learn : 모르는 단어 위주로 학습하세요

1. **actor** [ǽktər] [액터~]

명배우

Who is the *main *actor* in this film? ^{*1}-Day55

이 영화에서 누가 **주인공**입니까?

2. **skill** [skil] [스킬]

명기술

His writing *skill* is excellent.

그의 **글솜씨**가 뛰어나다.

3. **officer** [ɔ́ːfisər] [오피써~]

명경찰관, 관리, 장교

The police *officer*s searched the building.

경찰관들이 건물을 수색했다.

4. **member** [mémbər] [멤버~]

명구성원, 회원

How many *member*s (are there) in your family?

가족(**구성원**)이 몇 명이세요?

5. **report** [ripɔ́ːrt] [리포~ㅌ]

통보도하다 명보고(서)

I handed in the *report* on time.

나는 **보고서**를 제 시간에 제출했다.

6. **hire** [haiər] [하이어~]

통고용하다

The manager didn't *hesitate to *hire* her. *3-Day16
관리자는 주저하지 않고 그녀를 **채용했다**.

7. **happen** [hǽpən] [해픈]

통발생하다

It should never *happen* again.
이 같은 일은 다시는 **일어나면** 안됩니다.

8. **regularly** [régjulərli] [레귤러~리]

부정기적으로, 자주

Please try to *work out *regularly*.
규칙적으로 운동을 해보세요.

*work out
: 운동하다

9. **western** [wéstərn] [웨스터~언]

형서양(서부)의

She is getting used to *western* culture.
그녀는 **서양** 문화에 익숙해지고 있다.

10. **classic** [klǽsik] [클래씩]

형고전의, 일류의 명고전, 명작

She will appear in a *classic* movie.
그녀는 **고전** 영화에 출연할 것이다.

Self Evaluation : 빈칸에 알맞은 단어를 쓰세요.

1. You can see many famous [   ]s in this film.
   이 영화에서 많은 유명 **배우**들을 볼 수 있어요.

2. lack (learn) [   ]s for the job
   일에 맞는 **기술**이 없다. (**기술**을 배우다)

3. The *security [   ]s have just left. *1–Day41*
   안전 **요원**들이 방금 출발했다.

4. What are the *benefits to [   ]s?
   회원들을 위한 혜택이 무엇입니까? *3–Day1*

5. This [   ] discusses on market *trends.
   이 **보고서**는 시장*동향에 관한 것입니다.

   *trend [trend]
   : 경향

6. She was [   ]d three years ago.
   그녀는 3년 전에 **고용**되었다.

7. I [   ]ed to hear about his *promotion.
   우연히 그의 승진 소식을 들었다. *2–Day33*

8. The rent was paid [   ] every month.
   임대료가 매달 **정기적으로** 지불되었다.

9. It seems like a scene from a [   ] movie.
   마치 **서부** 영화의 한 장면 같아요.

10. It's a [   ] moral story.
    이것은 교훈적인 **고전** 이야기이다.

Self Test : 뜻을 아는 단어에 ☑ 표시하세요.

□ 1. **item**
   Which *item* is popular among teenagers?

□ 2. **track**
   I lost the *track* of time.

□ 3. **base**
   This is an information-*base*d business.

□ 4. **lot**
   We talked a *lot* during the meal.

□ 5. **shoot**
   The *shoot*er's final record was amazing.

□ 6. **stand**
   I can't *stand* this noise.

□ 7. **join**
   I'm going to *join* a tennis club.

□ 8. **behind**
   Let me wait right *behind* you.

□ 9. **hopefully**
   Hopefully, you will pass the exam.

□ 10. **strong**
   His *strong* will made it possible.

Learn : 모르는 단어 위주로 학습하세요

1. **item** [áitəm] [아이틈]

명 항목, 물품
This fan is a fast-selling *item*.
이 선풍기는 잘 팔리는 **물품**이다.

2. **track** [træk] [트렉]

명 발자국, 길, 궤도
The police are *track*ing down the *thief.
경찰이 절도범을 **추적**하고 있다.

✎ *thief [θi:f]
: 도둑,절도범

3. **base** [beis] [베이씨]

명 기초, 기반 통 …에 근거를 두다
The *base* *charge is from 10,000 won.
기본요금은 만원부터 시작합니다.

✎ *charge [ʧɑ:rdʒ]
: 요금

4. **lot** [lat] [ㄹ랕]

대 많음, 운명, 추첨
He *prepared a *lot* for his speech. *3-Day28
그는 연설을 위해 준비를 **많이** 했다.

5. **shoot** [ʃu:t] [슈우ㅌ]

통 쏘다, 슛하다, 촬영하다
shoot (an arrow /a gun) at~
~을 향해 화살을 **쏘다**/총을 **쏘다**

6. **stand** [stænd] [ㅅ탠ㄷ]

통서다, 견디다

The buses are ***stand***ing at the terminal.
버스 여러 대가 터미널에 **서** 있다.

7. **join** [dʒɔin] [죠인]

통가입하다

It costs $20 to ***join***.
가입하는 데 20달러가 든다.

8. **behind** [biháind] [비하인ㄷ]

전부뒤에

The cat is following ***behind*** me.
내 **뒤에서** 고양이가 따라오고 있다.

9. **hopefully** [hóupfəli] [호웊플리]

부바라건대

Hopefully, this design will be popular.
바라건대 이 디자인은 인기를 얻을 거예요.

10. **strong** [strɔːŋ] [ㅅ트롱]

형강한, 튼튼한

Only ***strong*** animals survive in the wild.
오직 **강한** 동물들만이 야생에서 살아남는다.

Self Evaluation : 빈칸에 알맞은 단어를 쓰세요.

1. Which [   ] is popular among teenagers?
   어떤 **품목**이 십 대들에게 인기가 있습니까?

2. I lost the [   ] of time.
   시간 **가는** 줄 몰랐어요. (=시간의 **궤도**를 놓침)

3. This is an information-[   ]d business.
   이것은 정보를 **기반**으로 한 사업이다.

4. We talked a [   ] during the meal.
   우리는 식사하면서 **많은** 이야기를 했다.

5. The [   ]er's final record was *amazing.   *3-Day6
   사격 선수의 마지막 기록은 경이적이었다.

6. I can't [   ] this noise.
   이 소음을 못 **견디겠어요**.

7. I'm going to [   ] a tennis club.
   나는 테니스 동아리에 **가입**할 것입니다.

8. Let me wait right [   ] you.
   바로 **뒤에서** 기다릴게요.

9. [   ], you will pass the exam.
   바라건대, 당신은 시험에 통과할 거예요.

10. His [   ] *will made it possible.   *1-Day6
    그의 **강한** 의지가 그것을 가능하게 했다.

👉 **Self Test** : 뜻을 아는 단어에 ☑ 표시하세요.

☐ 1. **version**
This is the original *version* of the movie.

☐ 2. **energy**
She is always full of *energy*.

☐ 3. **sale**
He put his furniture up for *sale*.

☐ 4. **none**
None of the shops are open.

☐ 5. **earn**
He used to *earn* up to $2000 a day.

☐ 6. **discover**
Madame Curie *discover*ed radium in 1898.

☐ 7. **require**
I hope this is the information you *require*d.

☐ 8. **closely**
I *closely* followed her in a crowd.

☐ 9. **along**
How is your work coming *along*?

☐ 10. **junior**
She is working as a *junior* reporter.

Learn : 모르는 단어 위주로 학습하세요

1. **version** [vɔ́ːrʒən] [버~젼]

> 명…판, 번역(문), 번안
>
> A new *version* of the book was released.
> 개정판으로 책이 출시되었다.

2. **energy** [énərʒi] [에너~지]

> 명기운, 에너지
>
> *boost / waste a lot of *energy*
> 많은 **에너지**를 *충전하다 / 낭비하다

3. **sale** [seil] [쎄일]

*in char of : ~담당인

> 명(할인)판매
>
> I am *in charge of the *sale*s.
> 제가 **판매** 담당입니다.

📝 **Tip!**

• sale로 말하기
 – 폐업세일 going out of business~
 – 비매품 not for sale
 – 재고세일 clearance sale

4. **none** [nʌn] [넌]

> 대부아무(하나)도 …않다
>
> *None* of the photos are taken *recently. *3-Day28
> 최근에 찍은 사진들이 **하나도 없습니다**.

5. **earn** [əːrn] [어언]

> 통(돈을)벌다
>
> He *earn*ed money to pay for the school.
> 그는 학비를 내기 위해 **돈을 벌었다**.

6. **discover** [diskʌ́vər] [디스커버~]

동 발견하다

She *discover*ed the problems of the new system.
그녀는 새 제도의 문제점들을 **발견했다**.

7. **require** [rikwáiər] [리콰이어~]

동 요구하다

This job *require*s lots of efforts.
이 일은 많은 노력을 **필요로 한다**.

8. **closely** [klóusli] [클로우슬리]

부 가까이, 꼭

We are *closely* monitoring him.
우리는 그를 **가까이서** 지켜보고 있다.

9. **along** [əlɔ́ːŋ] [얼롱]

전 …을 따라 부 앞으로, …을 따라서

Let's walk *along* the mountain.
산길을 걸읍시다.

10. **junior** [dʒúːnjər] [쥬니어~]

형 명 아랫사람(의), (4년제 대학의)3학년, 후배

She is two years my *junior*.
그녀는 나의 2년 **후배**이다.

Self Evaluation : 빈칸에 알맞은 단어를 쓰세요.

1. This is the *original _____ of the movie. *1-Day59
   이것은 영화의 원**판**입니다.

2. She is always full of _____ .
   그녀는 항상 **기운**이 넘친다.

3. He put his furniture up for _____ .
   그는 가구를 **팔려고** 내놓았다.

4. _____ of the shops are open.
   문을 열어 놓은 상점이 **없습니다**.

5. He used to _____ up to $2000 a day.
   그는 하루 2000달러의 **돈을 벌**기도 했다.

6. Madame Curie _____ed radium in 1898.
   퀴리부인은 1898년에 라듐을 **발견했다**.

7. I hope this is the information you _____d.
   당신이 **요구**했던 정보이길 바란다.

8. I _____ followed her in a crowd.
   군중들 틈에서 그녀를 **바짝** 따라갔다.

9. How is your work coming _____ ?
   일은 어떻게 **진행**되어 가십니까?

10. She is working as a _____ reporter.
    그녀는 **수습**기자로 일하고 있다.

☞ **Self Test** : 뜻을 아는 단어에 ☑ 표시하세요.

☐ 1. **painting**
*Painting*s are displayed on the wall.

☐ 2. **apartment**
Which *apartment* do you live in?

☐ 3. **memory**
It's a good exercise to improve your *memory*.

☐ 4. **cancel**
The contract/meeting was *cancel*led.

☐ 5. **appreciate**
We all *appreciate* your concern.

☐ 6. **title**
Do you remember the *title* of the event?

☐ 7. **basically**
Basically, it was designed for the elderly.

☐ 8. **between**
What's the difference *between* these two ovens?

☐ 9. **popular**
This was once a very *popular* pattern.

☐ 10. **narrow**
use a *narrow* space for ~

📖 **Learn** : 모르는 단어 위주로 학습하세요

1. **painting** [péintiŋ] [페인팅]

> 명 (색칠한) 그림, 페인트칠
>
> She took up *painting* as a hobby.
> 그녀는 취미로 **그림**을 시작했다.

2. **apartment** [əpàːrtmənt] [어파~트먼트]

> 명 아파트, 공동주택의 방
>
> look for an *apartment* to rent
> (전세로) 임대할 **아파트**를 구하다.

📝 **Tip!**

• 한국에서 흔히 '원룸'이라고
부르는 주거형태는
'studio apartment'라고 한다.

ex) I live in a studio apartment.
나는 원룸에서 살고 있다.

3. **memory** [méməri] [메머리]

> 명 기억
>
> I have happy *memori*es about my teachers.
> 나는 선생님들에 대한 행복한 **기억**들이 있습니다.

4. **cancel** [kǽnsəl] [캔쓸]

> 통 취소하다
>
> Did you *cancel* the *round trip ticket?
> 왕복 차표 **취소했습니까**?

*round trip
: 왕복여행

5. **appreciate** [əpríːʃièit] [어프리슈에이트]

> 통 고마워하다, 인정하다, (그림 등을) 감상하다
>
> I *appreciate* your help very much.
> 도와주셔서 정말 **감사합니다**.

6. **title** [táitl] [타이틀]

명동제목(을 붙이다), 직함

The *title* of the movie (book, song) is ~
영화(책, 노래)**제목**은 ~이다.

7. **basically** [béisikəli] [베이씩클리]

부근본적으로

Basically, I'm a shy person.
원래 저는 내성적입니다.

8. **between** [bitwíːn] [비트윈]

전사이에

My house is *between* the school and the park.
우리집은 학교와 공원 **사이에** 있다.

9. **popular** [pàpjulər] [파퓰러~]

형인기 있는

She is a *popular* entertainer.
그녀는 **인기** 연예인입니다.

10. **narrow** [nǽrou] [내로우]

형좁은 동좁아지다[히다]

The road is too *narrow* for driving.
도로가 운전하기에는 너무 **좁다**.

✏ Self Evaluation : 빈칸에 알맞은 단어를 쓰세요.

1. [　　　　　]s are *displayed on the wall. *3-Day46
   그림들이 벽에 전시되어 있다.

2. Which [　　　　　] do you live in?
   당신은 어느 **아파트**에 사십니까?

3. It's a good exercise to *improve your [　　　　　].
   이것은 **기억력**을 향상시키는 좋은 운동입니다. *1-Day44

4. The contract/meeting was [　　　　　]led.
   계약이/회의가 **취소되었다**.

5. We all [　　　　　] your *concern. *3-Day36
   염려해 주셔서 감사하게 생각합니다.

6. Do you remember the [　　　　　] of the event?
   그 행사의 **주제**를 기억하세요?

7. [　　　　　], it was designed for the elderly.
   기본적으로 이것은 노인들을 위해 고안된 것입니다.

8. What's the difference [　　　　　] these two ovens?
   두 오븐의 **차이점이** 무엇입니까?

9. This was once a very [　　　　　] pattern.
   이것은 한때 매우 **인기 있었던** 무늬입니다.

10. use a [　　　　　] space for ~
    좁은 공간을 ~로 사용하다

☞ **Self Test** : 뜻을 아는 단어에 ☑ 표시하세요.

□ 1. **collection**
They published a *collection* of short stories.

□ 2. **flight**
Is there a *flight* to India tonight?

□ 3. **recipe**
This *recipe* is nearly 50 years old.

□ 4. **population**
Ten percent of *population* has gone to the cities.

□ 5. **survive**
survive the competition (the game)

□ 6. **agree**
They *agree*d to restart the game.

□ 7. **across**
Do you see it? It's just *across* the river.

□ 8. **though**
It's not as hard as you see *though*.

□ 9. **total**
200 boxes were sold in *total*.

□ 10. **official**
Many public *official*s will join us.

Learn : 모르는 단어 위주로 학습하세요

---

1. **collection** [kəlékʃən] [컬렉쎤]

　명수집(품), 수거

　Data **collection** should be *done first. *3-Day7
　자료 **수집**부터 우선 되어야 합니다.

2. **flight** [flait] [플라읻ㅌ]

　명비행

　This **flight** goes *via Hong Kong.
　이번 **비행**은 홍콩을 경유합니다.

　*via [váiə]
　: 경유하여

3. **recipe** [résəpi] [레쓰피]

　명조리법

　Do you know the **recipe** for this meal?
　이 음식의 **조리법**을 아세요?

4. **population** [pàpjuléiʃən] [파퓰레이션]

　명인구

　The **population** of this city is around 6 million.
　이 도시의 **인구**는 6백만입니다.

5. **survive** [sərváiv] [써~바이ㅂ]

　동살아남다

　The company finally **survive**d the competition.
　그 회사는 마침내 경쟁에서 **살아남았다**.

6. **agree** [əgríː] [어그리]

동 동의하다

I couldn't *agree* more.
전적으로 **동의합니다**.

7. **across** [əkrɔ́ːs] [어크로쓰]

부 건너서, 맞은편에 전 가로질러

The shop is just *across* the road.
그 가게는 바로 길 **건너**에 있다.

8. **though** [ðou] [도우]

접 ~일지라도 부 그렇지만

Though it sounds good, it isn't.
괜찮은 **것 같지만**, 사실은 그렇지 않다.

9. **total** [tóutl] [토틀]

형 총, 전체의 명 합계

A *quarter of the *total* income is yours.　#3-Day43
총 수입의 사분의 일은 당신 것입니다.

10. **official** [əfíʃəl] [어피셜]

형 공식적인 명 공무원, 임원

The *official* results will be on the board.
공식 집계는 게시판에 올릴 것입니다.

✐ **Self Evaluation** : 빈칸에 알맞은 단어를 쓰세요.

1. They *published a [　　　　　] of short stories.
   그들은 단편**집**을 *출간했다.

   ✎ *publish [pʌbliʃ]
     : 출판하다

2. Is there a [　　　　　] to India tonight?
   오늘 밤 출발하는 인도행 **항공편**이 있습니까?

3. This [　　　　　] is nearly 50 years old.
   이 **조리법**은 거의 50년이 다 되었다.

4. Ten percent of [　　　　　] has gone to the cities.
   인구의 10퍼센트는 도시로 이동했다.

5. [　　　　　] the *competition (the game)   *3-Day60
   경쟁에서 (경기에서) **살아남다**.

6. They [　　　　　]d to *restart the game.
   그들은 경기를 재개하기로 **합의했다**.

   ✎ *restart
     : 다시 시작하다

7. Do you see it? It's just [　　　　　] the river.
   보이세요? 바로 강 **건너**편에 있습니다.

8. It's not as hard as you see [　　　　　].
   보이는 것처럼 (어려워 보이긴 **하지만**) 그리 어렵지 않아요.

9. 200 boxes were sold in [　　　　　].
   총 이백 상자가 판매되었다.

10. Many public [　　　　　]s will join us.
    많은 **공무원**들이 우리와 함께 할 것입니다

☼ Self Evaluation : 뜻을 아는 단어에 ☑ 표시하세요.

☐ 1 actor	☐ 18 behind	☐ 35 appreciate
☐ 2 skill	☐ 19 hopefully	☐ 36 title
☐ 3 officer	☐ 20 strong	☐ 37 basically
☐ 4 member	☐ 21 version	☐ 38 between
☐ 5 report	☐ 22 energy	☐ 39 popular
☐ 6 hire	☐ 23 sale	☐ 40 narrow
☐ 7 happen	☐ 24 none	☐ 41 collection
☐ 8 regularly	☐ 25 earn	☐ 42 flight
☐ 9 western	☐ 26 discover	☐ 43 recipe
☐ 10 classic	☐ 27 require	☐ 44 population
☐ 11 item	☐ 28 closely	☐ 45 survive
☐ 12 track	☐ 29 along	☐ 46 agree
☐ 13 base	☐ 30 junior	☐ 47 across
☐ 14 lot	☐ 31 painting	☐ 48 though
☐ 15 shoot	☐ 32 apartment	☐ 49 total
☐ 16 stand	☐ 33 memory	☐ 50 official
☐ 17 join	☐ 34 cancel	

Review
5

배운 단어를 얼마나 기억하세요? 정답은 140page 참조
• 맞은 갯수 30개 이하: 수고하셨어요. 한 번만 더 복습^^
• 맞은 갯수 30개 이상: OK! 어려운 단어 복습
• 맞은 갯수 40개 이상: Very Good!!

🗝 Self Evaluation : 빈칸을 채워 보세요.

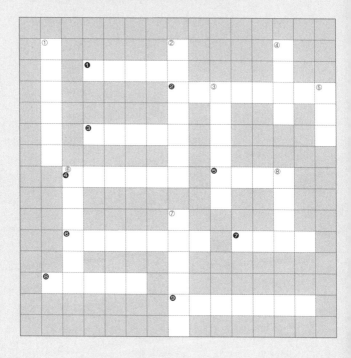

[가로열쇠]

❶ skill ❷ official ❸ agree ❹ memory ❺ hire ❻ between ❼ None
❽ track ❾ popular

[세로열쇠]

① happen ② closely ③ flight ④ join ⑤ lot ⑥ member ⑦ recipe
⑧ earn

⚷ [세로열쇠]

① I [____]ed to hear about his promotion.

② I [____] followed her in a crowd.

③ Is there a [____] to India tonight?

④ I'm going to [____] a tennis club.

⑤ We talked a [____] during the meal.

⑥ What are the benefits to [____]s?

⑦ This [____] is nearly 50 years old.

⑧ He used to [____] up to $2000 a day.

⊶ [가로열쇠]

❶ lack (learn) [____]s for the job

❷ Many public [____]s will join us.

❸ They [____]d to restart the game.

❹ It's a good exercise to improve your [____].

❺ She was [____]d three years ago.

❻ What's the difference [____] these two ovens?

❼ [____] of the shops are open.

❽ I lost the [____] of time.

❾ This was once a very [____] pattern.

☀ Self Evaluation : 뜻 해석

1 배우	18 뒤에	35 고마워하다, 인정하다
2 기술	19 바라건대	36 제목(을 붙이다)
3 경찰관, 관리	20 강한, 튼튼한	37 근본적으로
4 구성원	21 …판, 번역(문)	38 사이에
5 보도하다, 보고(서)	22 기운, 에너지	39 인기 있는
6 고용하다	23 (할인)판매	40 좁은, 좁히다
7 발생하다	24 아무(하나)도 …않다	41 수집
8 정기적으로, 자주	25 (돈을)벌다	42 비행
9 서양(서부)의	26 발견하다	43 조리법
10 고전의, 일류의	27 요구하다	44 인구
11 항목, 물품	28 가까이, 꼭	45 살아남다
12 발자국, 길	29 …을 따라(서)	46 동의하다
13 기초, 기반	30 아랫 사람(의), 대학3학년	47 건너서
14 많음	31 그림	48 ~일지라도
15 쏘다, 촬영하다	32 아파트	49 총, 전체의
16 서다, 견디다	33 기억	50 공식적인
17 가입하다	34 취소하다	

왕초보 탈출 영단어 **ABC**

영단어
기본 넘기기 Level 3

*Day
26 ~ **30**

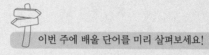

이번 주에 배울 단어를 미리 살펴보세요!

1 dog	11 address	21 trouble	31 category	41 campaign
2 choice	12 pair	22 customer	32 saving	42 exit
3 couple	13 cancer	23 machine	33 tool	43 topic
4 director	14 attack	24 damage	34 view	44 engineering
5 discuss	15 borrow	25 manage	35 debate	45 lead
6 balance	16 encourage	26 prepare	36 whatever	46 propose
7 greatly	17 terribly	27 remain	37 expect	47 everywhere
8 beyond	18 leading	28 mainly	38 originally	48 honestly
9 useful	19 square	29 recent	39 pleased	49 deeply
10 tough	20 different	30 traditional	40 familiar	50 used

☞ **Self Test** : 뜻을 아는 단어에 ☑ 표시하세요.

☐ 1. **dog**

I feed my *dog* every morning.

☐ 2. **choice**

We respect his *choice*.

☐ 3. **couple**

A *couple* of minutes will do for me.

☐ 4. **director**

He applied for the sales *director* position.

☐ 5. **discuss**

I'll visit you after *discuss*ing the matters.

☐ 6. **balance**

the *balance* between the demand and supply

☐ 7. **greatly**

I was *greatly* comforted by your warm words.

☐ 8. **beyond**

I parked a car *beyond* the bridge.

☐ 9. **useful**

get *useful* tips from the website

☐ 10. **tough**

It's *tough* to get financing.

📖 **Learn** : 모르는 단어 위주로 학습하세요

1. **dog** [dɔːg] [독]

명개

The **dog** saved a girl from the fire.
개가 불 속에서 소녀를 구했다.

2. **choice** [tʃɔis] [쵸이쓰]

명선택

Now, we have to make some **choice**s.
지금 우리는 몇 가지 **선택**을 해야 합니다.

3. **couple** [kʌ́pl] [커플]

명한 쌍(커플), 두어개

Are a **couple** of window seats *available?
창가 쪽 좌석 **두 개** 있습니까?   *3-Day48

4. **director** [diréktər] [디렉터~]

명감독, 관리자

He is an actor and **director**.
그는 배우 겸 **감독**이다.

5. **discuss** [diskʌ́s] [디스커쓰]

동상의하다

Let's **discuss** what we should do.
우리가 무엇을 해야 할지 **상의합시다**.

6. **balance** [bǽləns] [밸런쓰]

명동균형(을 유지하다)

Hold on to it to keep your *balance*!
이것을 붙잡고 **균형**을 잡아보세요!

7. **greatly** [gréitli] [그레이틀리]

부대단히, 크게

He was *greatly* *pleased at her arrival. *3-Day29*
그녀가 도착하자 그는 **대단히** 기뻐했다.

8. **beyond** [bijànd] [비얀드]

전…너머 부저 멀리에

It's *beyond* our (imagination/ ability).
우리의 (상상을 **초월하는**/ 능력 **밖의**) 일이다.

9. **useful** [júːsfəl] [유쓰플]

형유용한

Do you think the book is *useful*?
그 책이 **유용할** 것 같습니까?

10. **tough** [tʌf] [터프]

형힘든, (고기 등)질긴

At that time, we were in a *tough* situation.
그 때, 우리는 **힘든** 상황에 있었습니다.

✏ **Self Evaluation** : 빈칸에 알맞은 단어를 쓰세요.

1. I feed my [   ] every morning.
   나는 매일 아침 **강아지**에게 먹이를 준다.

2. We *respect his [   ].
   우리는 그의 **선택**을 존중합니다.　*2-Day35

3. A [   ] of minutes will do for me.
   2분이면 됩니다.

4. He *applied for the sales [   ] position.　*3-Day43
   그는 영업 **이사**직에 지원했다.

5. I'll visit you after [   ]ing the matters.
   상의 후 방문 드리겠습니다.

6. the [   ] between the *demand and *supply
   수요와 공급 간의 **균형**　*1-Day53/1-Day42

7. I was [   ] comforted by your warm words.
   당신의 따뜻한 말들이 **크게** 위로가 되었습니다.

8. I parked a car [   ] the bridge.
   나는 다리 **너머**에 차를 주차해 놓았다.

9. get [   ] tips from the website
   웹사이트에서 **유용한** 정보를 얻다.

10. It's [   ] to get *financing.
    자금 구하기가 **어렵네요.**　*2-Day59

✏ *financing [finǽnsiŋ]
: 자금조달

Self Test : 뜻을 아는 단어에 ☑ 표시하세요.

☐ 1. **address**
The *address* on the envelope is correct.

☐ 2. **pair**
Now, work in *pair*s and do your job.

☐ 3. **cancer**
This insurance covers all kinds of *cancer*.

☐ 4. **attack**
If you don't move, this dog won't *attack* you.

☐ 5. **borrow**
May I *borrow* your eraser (stapler)?

☐ 6. **encourage**
His parents *encourage*d him to try again.

☐ 7. **terribly**
It is windy and *terribly* cold.

☐ 8. **leading**
He is the *leading* figure in the tourist industry.

☐ 9. **square**
He addressed the crowd in the *square*.

☐ 10. **different**
This is *different* from what I think.

Learn : 모르는 단어 위주로 학습하세요

1. **address** [ədrés] [어드레쓰]

　　명동주소, 연설(하다)

　　How can I get to this **address**?
　　이 **주소**로 어떻게 갈 수 있죠?

2. **pair** [pɛər] [페어~]

　　명한 쌍

　　a **pair** of shoes (socks) / a **pair** of suit
　　신발(양말) **한 켤레** / 정장 **한 벌**

3. **cancer** [kǽnsər] [캔써~]

　　명암

　　Healthy food will help *prevent **cancer**. *3-Day38
　　건강에 좋은 음식이 **암**을 예방하는 데 도움을 줍니다.

4. **attack** [ətǽk] [어택]

　　명동폭행, 공격(하다)

　　*prepare for cyber **attacks**
　　사이버 **공격**에 대비하다. *3-Day28

5. **borrow** [bàrou] [버로우]

　　동빌리다

　　borrow money against my house
　　내 집을 담보로 돈을 **빌리다**.

6. **encourage** [inkə́:ridʒ] [인**커**리쥐]

※ 图격려하다, 권장하다

This system is to *encourage* the *staff.   *3-Day51
이 시스템은 직원들을 **격려하기** 위한 것입니다.

7. **terribly** [térəbli] [테러블리]

※ 图대단히, 심하게

She is *terribly* tired from overwork.
그녀는 과로로 **대단히** 피곤하다.

8. **leading** [lí:diŋ] [ㄹ리딩]

※ 图중요한, 선두의

He was chosen for the *leading* role in the opera.
그는 오페라에서 **주인공**으로 선택되었다.

9. **square** [skwɛər] [ㅅ퀘어~]

※ 图사각형, 광장, 제곱

The building area is 900 *square* meters.
건물 면적은 900**제곱**미터입니다.

10. **different** [dífərənt] [**디**퍼런트]

※ 图다른

You can buy this item in *different* shops.
이 품목은 **다른** 상점에서도 구입할 수 있다.

✏ **Self Evaluation** : 빈칸에 알맞은 단어를 쓰세요.

1. The [   ] on the *envelope is correct.
   *봉투 위의 **주소**가 정확합니다.

2. Now, work in [   ]s and do your job.
   이제 두 사람이 **짝을 지어** 작업을 하세요.

3. This *insurance covers all kinds of [   ]. *3-Day40
   이 보험은 모든 종류의 **암**을 보상합니다.

4. If you don't move, this dog won't [   ] you.
   움직이지 않으면, 이 개는 **공격하지** 않습니다.

5. May I [   ] your eraser (*stapler)?
   지우개(*호치키스) **빌릴 수** 있을까요?

6. His parents [   ]d him to try again.
   그의 부모는 그가 다시 도전하도록 **격려하였다**.

7. It is windy and [   ] cold.
   날씨가 바람이 불고 **대단히** 춥다.

8. He is the [   ] *figure in the tourist industry.
   그는 관광 사업 분야에서 **선도적인** 인물이다. *1-Day47

9. He addressed the crowd in the [   ].
   그는 **광장**에서 연설을 했다.

10. This is [   ] from what I think.
    이것은 내가 생각한 것과 **다르다**.

Self Test : 뜻을 아는 단어에 ☑ 표시하세요.

□ 1. **trouble**
He was *trouble*d by a toothache.

□ 2. **customer**
He works in the *customer* service department.

□ 3. **machine**
The copy (answering) *machine* broke down.

□ 4. **damage**
Many houses were *damage*d by a heavy rain.

□ 5. **manage**
The key to success is how to *manage* time.

□ 6. **prepare**
Could you *prepare* some documents?

□ 7. **remain**
This boat will *remain* here for 5 hours.

□ 8. **mainly**
The members are *mainly* office workers.

□ 9. **recent**
Recent news is on the front page.

□ 10. **traditional**
Traditional clothes look good on you.

Day
28

Learn : 모르는 단어 위주로 학습하세요

1. **trouble** [trʌbl] [트러블]

명곤란한 일 **동**괴롭히다

We had **trouble** *dealing with it. *1-Day44
우리는 그 일을 취급하면서 **어려움**을 겪었다.

2. **customer** [[kʌstəmər] [커스터머~]

집이나 호텔에 방문하는
'guest'(손님)과 구별하기

명손님, 고객

This shop is always crowded with **customer**s.
이 상점은 **손님**들로 항상 붐빈다.

3. **machine** [məʃíːn] [머쉰]

명기계

The **machine** is working all right.
기계가 잘 작동되고 있다.

4. **damage** [dǽmidʒ] [데미쥐]

명**동**손상(을 입히다)

We repair the **damage** for *free. *1-Day50
손상된 부분을 *무료로 수리해 드립니다.

5. **manage** [mǽnidʒ] [매니쥐]

동관리하다, 해내다

Mr. Kim will **manage** this project.
Mr. Kim이 이번 사업을 **관리할** 것입니다.

6. **prepare** [pripéər] [프리페어~]

图준비하다

prepare a test / *prepare* for a test
시험을 **준비하다**(문제를 만들다)/ 시험을 위해 **공부하다**.

7. **remain** [riméin] [리메인]

图남다, 머무르다

Its reasons still *remain* unclear.
그 이유가 아직도 명확하지 않다.

8. **mainly** [méinli] [메인리]

图주로

They *mainly* *export heaters.
그들은 **주로** 난방기구를 *수출한다.

9. **recent** [rí:snt] [리쓴ㅌ]

图최근의

Your *recent* order will be *delivered later. *2-Day46
최근 주문은 나중에 배달될 것입니다.

10. **traditional** [trədíʃənl] [트르디셔늘]

图전통의

Would you *try this *traditional* food?
전통음식 들어보시겠어요?

 *try+음식:
: 먹어보다

✏️ **Self Evaluation** : 빈칸에 알맞은 단어를 쓰세요.

1. He was _____d by a *toothache. 📎*toothache [túːθeik]
   그는 치통으로 **고생했다**.   : 치통

2. He works in the _____ service *department. *2-Day1
   그는 **소비자** 상담 부서에서 근무하고 있다.

3. The copy (answering) _____ broke down.
   복사**기**(자동 응답**기**)가 고장 났다.

4. Many houses were _____d by a heavy rain.
   수백 채의 집들이 폭우로 **파괴되었다**.

5. The key to *success is how to _____ time. *3-Day35
   성공의 열쇠는 시간을 어떻게 **관리하는**가에 있다.

6. Could you _____ some documents?
   서류 좀 **준비**해주시겠어요?

7. This boat will _____ here for 5 hours.
   이 배는 5시간 동안 이곳에 **머무를** 것이다.

8. The members are _____ office workers.
   회원들은 **대부분** 사무직에 종사하고 있습니다.

9. _____ news is on the front page.
   최근 뉴스는 앞면에 있습니다.

10. _____ clothes look good on you.
    전통 의상이 당신에게 잘 어울립니다.

📑 **Self Test** : 뜻을 아는 단어에 ☑ 표시하세요.

□ 1. **category**

The table doesn't fit into this *category*.

□ 2. **saving**

Let me think of a way of *saving* expenses.

□ 3. **tool**

The internet is a good *tool* for learning.

□ 4. **view**

~a room with a *view* of the city(the village)~

□ 5. **debate**

There will be a heated *debate* among the members.

□ 6. **whatever**

Please tell me *whatever* you want.

□ 7. **expect**

I didn't *expect* him to say that.

□ 8. **originally**

It *originally* belonged to the planning department.

□ 9. **pleased**

I'm *pleased* to invite you to the program.

□ 10. **familiar**

The story sounds very *familiar* to me.

Day
29

Learn : 모르는 단어 위주로 학습하세요

1. **category** [kǽtəgɔ̀:ri] [캐트고리]

명 범주, 종류

Sort the data by each *category*.
자료를 각 **종류별**로 분류해주세요.

2. **saving** [séiviŋ] [쎄이빙]

명 형 저금, 절약(하는), 구조(하는)

She put her *saving*s into *charity. *2-Day21
그녀는 **저축한** 돈을 후원금으로 썼다.

3. **tool** [tu:l] [투울]

명 도구, 수단

Did you pack the *tool*s?
연장들을 꾸렸습니까?

4. **view** [vju:] [뷰]

명 전망, 관점 동 …라고 여기다, 보다

His *political *view* is different from mine. *3-Day35
그의 정치적 **견해**는 내 견해와는 다르다.

5. **debate** [dibéit] [디베잍트]

명 동 토론(하다)

Rules were made after a long *debate*.
오랜 **토론** 끝에 규칙이 마련되었다.

6. **whatever** [hwʌtévər] [왈에버~]

※ 대 형무엇이든 부어떤 경우든

Whatever I did, I didn't mean it.
내가 **무엇을** 했든지, 본심이 아니었다.

7. **expect** [ikspékt] [익스**팩**ㅌ]

※ 통기대하다, 예상하다

We are *expect*ing your *immediate answer.
당신의 빠른 응답을 **기대합니다.** *3-Day50

8. **originally** [ərídʒənəli] [오**리**지늘리]

※ 부원래

He was *originally* a soccer player.
그는 **원래** 축구선수였다.

9. **pleased** [pli:zd] [플리이ㅈㄷ]

※ 형기쁜

I was *pleased* at the news.(to hear the news).
그 소식에 (~을 듣고서) **기뻤다.**

10. **familiar** [fəmíljər] [퍼**밀**리어~]

※ 형익숙한, 친근한

You look *familiar* to me.
낯이 익어 보입니다. (어디서 뵌 것 같습니다)

Day
29

✏ Self Evaluation : 빈칸에 알맞은 단어를 쓰세요.

1. The *table doesn't fit into this [   ].

   그 *도표는 이 **범주**에 맞지 않는다.

2. Let me think of a way of [   ] expenses.

   경비를 **절약**할 방법을 생각해 보겠습니다.

3. The internet is a good [   ] for learning.

   인토넷은 학습에 좋은 **수단**이다.

4. ~a room with a [   ] of the city(the village)

   도시 **전경**(마을 **전경**)이 있는 방

5. There will be a heated [   ] *among the members.

   회원들 간에 열띤 **토론**이 있을 것이다.   *1-Day52

6. Please tell me [   ] you want.

   무엇을 원하**든지** 말씀해 주세요.

7. I didn't [   ] him to say that.

   그가 그렇게 말할 거라고 **기대하지** 않았다.

8. It [   ] belonged to the *planning *department.

   그것은 **원래** 기획부 소관이었어요.   *1-Day55/ 2-Day15

9. I'm [   ] to invite you to the program.

   프로그램에 당신을 초대하게 되어 **기쁩니다**.

10. The story sounds very [   ] to me.

    그 이야기는 나에게 **친숙합니다**.

📋 **Self Test** : 뜻을 아는 단어에 ☑ 표시하세요.

☐ 1. **campaign**
More funds were raised by this *campaign*.

☐ 2. **exit**
Where is the *exit* sign?

☐ 3. **topic**
What's the *topic* of the story?

☐ 4. **engineering**
a product of *engineering* technology

☐ 5. **lead**
They will soon take the *lead*.

☐ 6. **propose**
May I *propose* a new system?

☐ 7. **everywhere**
He's been *everywhere*.

☐ 8. **honestly**
I'm *honestly* not sure.

☐ 9. **deeply**
I was *deeply* touched by her music.

Day
30

☐ 10. **used**
buy a *used* (car / book)

📖 **Learn** : 모르는 단어 위주로 학습하세요

1. **campaign** [kæmpéin] [캠페인]

명 선거(계몽)운동, 광고

His election *campaign* has just started.
그의 **선거운동**이 막 시작되었다.

2. **exit** [éksit] [엑씯]

명 출구 동 나가다

Is this the *correct *exit* for the airport? *2-Day11
여기가 공항 쪽으로 가는 **출구**입니까?

3. **topic** [tàpik] [타픽]

명 주제

That's out of the *topic*.
주제와 벗어난 이야기인데요.

4. **engineering** [èndʒiníəriŋ] [엔지니어링]

명 공학(기술)

He *majored in *engineering* in college.
그는 대학에서 **공학**을 전공했다.

✎ *major in
: ～을 전공하다.

5. **lead** [li:d] [ㄹ리이드]

동 이끌다, 데리고가다 명 선두

Could you *lead* our children into the room?
우리 아이들을 방으로 **데리고** 가주시겠습니까?

6. **propose** [prəpóuz] [프러**포**우ㅈ]

통제안하다

He was ***propose***d to work for another company.
그는 다른 회사에서 근무하도록 **제의를 받았다.**

7. **everywhere** [évriwɛər] [**에**브리웨어~]

부대접모든 곳(에서), 어디든지

We checked ***everywhere*** for the sheet.
용지 찾느라고 **모든 곳을** 다 살펴보았다.

8. **honestly** [ànistli] [**어**니ㅅ틀리]

부솔직히

Could you *express yourself ***honestly***?   *2–Day20
솔직하게 표현해 주시겠습니까?

9. **deeply** [díːpli] [**디**플리]

부깊이

Did you sleep ***deeply*** last night?
어젯밤 **깊이** 잘 주무셨어요?

10. **used** [juːst] [**유**ㅆ트]

형중고의, 사용된, 익숙한

I'm not ***used*** to this machine.
나는 이 기계에 **익숙하지** 않아요.

Day
30

✏ **Self Evaluation** : 빈칸에 알맞은 단어를 쓰세요.

1. More *funds were raised by this ⬚ .
   이번 **캠페인**으로 자금이 더 마련되었다.

   ✎ *raise fund
   : 자금을 모으다

2. Where is the ⬚ sign?
   출구 표시가 어디 있죠?

3. What's the ⬚ of the story?
   이야기의 **주제가** 무엇입니까?

4. a product of ⬚ technology
   공학 기술로 만들어진 제품

5. They will soon take the ⬚ .
   그들은 곧 **주도권을** 잡게 될 것이다.

6. May I ⬚ a new system?
   새로운 시스템에 대한 **제안을 해도** 될까요?

7. He's been ⬚ .
   그는 안 가 본 곳이 없어요. (**모든 곳에** 가 보았다.)

8. I'm ⬚ not sure.
   솔직히 확실하지 않다.

9. I was ⬚ *touched by her music.
   그녀의 음악에 **깊이** 감동했습니다. *감동한 1-Day29

10. buy a ⬚ (car / book)
    (**중고차를/헌책을**) 사다.

☀ Self Evaluation : 뜻을 아는 단어에 ☑ 표시하세요.

☐ 1 dog	☐ 18 leading	☐ 35 debate
☐ 2 choice	☐ 19 square	☐ 36 whatever
☐ 3 couple	☐ 20 different	☐ 37 expect
☐ 4 director	☐ 21 trouble	☐ 38 originally
☐ 5 discuss	☐ 22 customer	☐ 39 pleased
☐ 6 balance	☐ 23 machine	☐ 40 familiar
☐ 7 greatly	☐ 24 damage	☐ 41 campaign
☐ 8 beyond	☐ 25 manage	☐ 42 exit
☐ 9 useful	☐ 26 prepare	☐ 43 topic
☐ 10 tough	☐ 27 remain	☐ 44 engineering
☐ 11 address	☐ 28 mainly	☐ 45 lead
☐ 12 pair	☐ 29 recent	☐ 46 propose
☐ 13 cancer	☐ 30 traditional	☐ 47 everywhere
☐ 14 attack	☐ 31 category	☐ 48 honestly
☐ 15 borrow	☐ 32 saving	☐ 49 deeply
☐ 16 encourage	☐ 33 tool	☐ 50 used
☐ 17 terribly	☐ 34 view	

배운 단어를 얼마나 기억하세요? 정답은 166page 참조
• 맞은 갯수 30개 이하: 수고하셨어요. 한 번만 더 복습^^
• 맞은 갯수 30개 이상: OK! 어려운 단어 복습
• 맞은 갯수 40개 이상: Very Good!!

🔑 Self Evaluation : 빈칸을 채워 보세요.

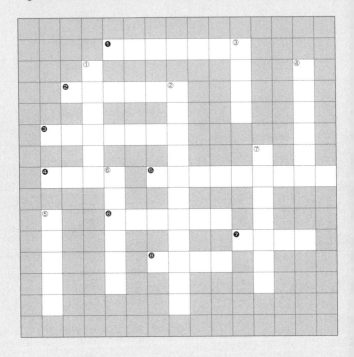

🔑 [세로열쇠]

① The key to success is how to [ ] time.

② a product of [ ] technology

③ Where is the [ ] sign?

④ Let me think of a way of [ ] expenses.

⑤ It's [ ] to get financing.

⑥ I was [ ] touched by her music.

⑦ May I [ ] a new system?

➤ [가로열쇠]

❶ He was [ ]d by a toothache.

❷ Many houses were [ ]d by the heavy rain.

❸ He is the [ ] figure in the tourist industry.

❹ buy a [ ] car

❺ His parents [ ]d him to try again.

❻ I didn't [ ] him to say that.

❼ The internet is a good [ ] for learning.

❽ a room with a [ ] of the city

🔆 Self Evaluation : 뜻 해석

1 개	18 중요한, 선두의	35 토론(하다)
2 선택	19 사각형, 광장	36 무엇이든
3 한 쌍(커플), 두어 개	20 다른	37 기대(예상)하다
4 감독, 관리자	21 곤란, 문제	38 원래
5 상의하다	22 손님	39 기쁜
6 균형(을 유지하다)	23 기계	40 익숙한
7 대단히, 크게	24 손상(을 입히다)	41 선거(계몽)운동
8 …너머	25 관리하다, 해내다	42 출구
9 유용한	26 준비하다	43 주제
10 힘든	27 남다, 머무르다	44 공학(기술)
11 주소	28 주로	45 이끌다, 선두
12 한 쌍	29 최근의	46 제안하다
13 암	30 전통의	47 모든 곳, 어디든
14 폭행, 공격(하다)	31 범주, 종류	48 솔직히
15 빌리다	32 절약, 저금	49 깊이
16 격려(권장) 하다	33 도구	50 중고의, 익숙한
17 대단히	34 전망, 관점	

왕초보 탈출 영단어 **ABC**

영단어
기본 넘기기 Level 3

*Day
31 ~ **35**

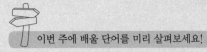

1 opinion	11 length	21 master	31 review	41 politics
2 signal	12 flow	22 entertainment	32 scene	42 career
3 condition	13 nation	23 front	33 summer	43 spirit
4 character	14 student	24 message	34 college	44 success
5 handle	15 explore	25 differ	35 communicate	45 share
6 count	16 receive	26 treat	36 beat	46 react
7 suddenly	17 altogether	27 release	37 somewhere	47 nearly
8 whenever	18 moreover	28 somewhat	38 merely	48 towards
9 technical	19 medical	29 entire	39 chemical	49 remote
10 broad	20 extreme	30 historical	40 medium	50 political

👉 **Self Test** : 뜻을 아는 단어에 ☑ 표시하세요.

☐ 1. **opinion**
I want to know your *opinion*.

☐ 2. **signal**
He *signal*ed to his secretary to come in.

☐ 3. **condition**
The players are in good *condition* today.

☐ 4. **character**
These are of different *character*s.

☐ 5. **handle**
I can't *handle* this alone.

☐ 6. **count**
Did you *count* them? One is missing.

☐ 7. **suddenly**
He *suddenly* came up with an idea.

☐ 8. **whenever**
Lock all the windows *whenever* you go out.

☐ 9. **technical**
This page is full of *technical* terms.

☐ 10. **broad**
a *broad*/narrow minded person

📖 **Learn** : 모르는 단어 위주로 학습하세요

1. **opinion** [əpínjən] [어피니언]

> **명**의견
>
> We *reflected your **opinion**. *2-Day60
> 우리는 여러분의 **의견**을 *반영했습니다.

2. **signal** [sígnəl] [씨ㄱ널]

> **명동**신호(를 보내다)
>
> Please send me a ***signal*** when it's over.
> 끝나면 **신호**를 보내주세요.

3. **condition** [kəndíʃən] [컨디션]

> **명**(건강)상태, 상황, 조건
>
> Our *economic **condition** is not so *serious. *1-Day23/2-Day5
> 우리의 경제 **상황**은 그리 심각하지 않습니다.

4. **character** [kǽriktər] [캐릭터~]

> **명**성격, 특징, 등장인물
>
> She played a shy ***character*** in the movie.
> 그녀는 영화에서 수줍은 **인물**을 연기했다.

5. **handle** [hǽndl] [핸들]

> **동**다루다 **명**손잡이
>
> Please ***handle*** this bowl with care.
> 이 그릇은 조심스럽게 **다뤄** 주세요.

6. **count** [kaunt] [카운트]

통수를 세다, 간주하다 명셈

count how many books were sold
팔린 책의 개수를 **세다**(몇 권이 팔렸는지 세다)

7. **suddenly** [sʌ́dnli] [써든리]

부갑자기

I *suddenly* heard something *weird.
갑자기 이상한 소리를 들었다. *2-Day28

8. **whenever** [hwenévər] [웬에버~]

접언제든지

Visit us *whenever* you are in need of help.
도움이 필요하면 **언제든지** 우리에게 오세요.

9. **technical** [téknikəl] [테ㅋ니컬]

형기술적인

*complete *technical* training courses
기술연수 과정을 이수하다. *1-Day57

10. **broad** [brɔ:d] [브로드]

형넓은

He has *broad* shoulders.
그는 **넓은** 어깨를 가지고 있다.

✏️ **Self Evaluation** : 빈칸에 알맞은 단어를 쓰세요.

1. I want to know your [   ].
   나는 당신의 **의견**을 알고 싶다.

2. He [   ]ed to his *secretary to come in. *3-Day55
   그는 비서에게 들어오라고 **신호했다**.

3. The players are in good [   ] today.
   오늘 선수들이 좋은 **컨디션**을 가지고 있다.

4. These are of different [   ]s.
   이들은 (서로)다른 **성격**을 가지고 있다.

5. I can't [   ] this alone.
   이 일은 저 혼자 **감당하기** 어렵습니다.

6. Did you [   ] them? One is missing.
   몇 개인지 **세어** 보았어요? 하나가 없는데요.

7. He [   ] *came up with an idea.
   그는 **갑자기** 아이디어가 떠올랐다.

   ✏️ *come up with
   : ~을 생각해내다

8. Lock all the windows [   ] you go out.
   외출할 **때마다** 모든 창문을 잠그세요.

9. This page is full of [   ] *terms. *1-Day52
   이 페이지는 온통 **전문** 용어들이네요.

10. a [   ] /narrow minded person
    마음이 **넓은**/편협한 사람

Self Test : 뜻을 아는 단어에 ☑ 표시하세요.

☐ 1. **length**
The bridge is about 200 meters in *length*.

☐ 2. **flow**
The *flow* of the game was totally changed.

☐ 3. **nation**
trade between the developing *nation*s

☐ 4. **student**
She is an honor *student*.

☐ 5. **explore**
The scientist *explore*d the heart disease.

☐ 6. **receive**
He *received* one million won in prize money.

☐ 7. **altogether**
How much is the bill *altogether*?

☐ 8. **moreover**
Moreover, he lost his confidence.

☐ 9. **medical**
The injured people need *medical* care.

☐ 10. **extreme**
That was a bit *extreme*.

Learn : 모르는 단어 위주로 학습하세요

1. **length** [leŋθ] [ㄹ랭쓰]

> 명 길이
>
> The *length* of (the wall, the river) is ~ .
> (벽, 강)의 **길이**는 ~ 이다.

2. **flow** [flou] [플로우]

> 명 흐름 통 흐르다
>
> The police are *monitoring the traffic *flow*.
> 경찰이 교통의 **흐름**을 관찰하고 있다. *³⁻Day12

3. **nation** [néiʃən] [네이션]

Tip!

country 명
(행정적 의미의) 국

*cheer [ʧiər
: 응원하다

> 명 (언어 · 문화등 사회적 의미의) 국가, 국민
>
> The whole *nation* *cheered for her.
> 온 **나라**가 그녀를 응원했다.

4. **student** [stju:dnt] [ㅅ튜우든ㅌ]

> 명 학생
>
> Special rates are offered to *student*s.
> **학생**들에게는 특별 요금이 적용된다.

5. **explore** [iksplɔ́:r] [익ㅆ플로어~]

> 통 탐구하다, 탐험하다
>
> Humans will continue to *explore* outer space.
> 인간은 우주 **탐험**을 계속할 것이다.

6. **receive** [risíːv] [리씨이ㅂ]

图받다

Did you *receive* my message?
내 전갈을 **받았어요**?

7. **altogether** [ɔ̀ːltəgéðər] [올터게더~]

閉완전히, 모두 합쳐서

He *reorganized his plan *altogether*. *2-Day24
그는 그의 계획을 **완전히** 다시 구성했다.

8. **moreover** [mɔːróuvər] [모~오우버~]

閉게다가

Moreover, we have no time.
게다가, 우리에겐 시간도 없다.

9. **medical** [médikəl] [메디컬]

閾의학의

You need to seek *medical* treatment.
당신은 **의학적** 치료가 필요합니다.

10. **extreme** [ikstríːm] [잌ㅆ트리임]

閾극도의, 지나친

It was *put off due to *extreme* cold.
극심한 추위로 *연기되었습니다.

✏️ **Self Evaluation** : 빈칸에 알맞은 단어를 쓰세요.

1. The bridge is about 200 meters in _____ .
   다리는 **길이**가 200미터 정도 된다.

2. The _____ of the game was totally changed.
   경기의 **흐름**이 완전히 바뀌었다.

3. trade between the developing _____ s
   개발 도상**국**들 간의 무역

4. She is an honor _____ .
   그녀는 우등**생**이다.

5. The scientist _____ d the heart *disease.
   그 과학자는 심장병을 **탐구했다**. *3-Day58

6. He _____ d one million won in prize money.
   그는 상금으로 백만원을 **받았**다.

7. How much is the bill _____ ?
   계산서 금액이 **모두** 얼마입니까?

8. _____ , he lost his *confidence. *3-Day56
   게다가, 그는 자신감을 잃었어요.

9. The *injured people need _____ care. *3-Day12
   부상자들에게 **의료** 지원이 필요하다.

10. That was a bit _____ .
    그것은 좀 **지나친** 처사였다.

☞ **Self Test** : 뜻을 아는 단어에 ☑ 표시하세요.

☐ 1. **master**
   She is a *master* of cooking.

☐ 2. **entertainment**
   The *entertainment* industry has developed a lot.

☐ 3. **front**
   Let me sit in the *front*.

☐ 4. **message**
   I passed on a *message* to her.

☐ 5. **differ**
   Korean *differ*s from English in many ways.

☐ 6. **treat**
   She *treat*ed the customers like family.

☐ 7. **release**
   This model was *release*d lately.

☐ 8. **somewhat**
   This expression is *somewhat* mysterious.

☐ 9. **entire**
   The *entire* road was covered in snow.

☐ 10. **historical**
   We are visiting *historical* places today.

Learn : 모르는 단어 위주로 학습하세요

1. **master** [mǽstər] [매ㅅ터~]

명주인, 대가, 석사 통능숙해지다

They finally *master*ed the last part.
그들은 마침내 마지막 분량을 **습득했다**.

2. **entertainment** [èntərtéinmənt] [엔터테인먼ㅌ]

명오락, 연예

This talk show is good *entertainment* value.
이 토크쇼는 **오락적** 가치가 크다.

3. **front** [frʌnt] [프런ㅌ]

명앞면, 앞쪽 형앞쪽의

Could you come to the *front*?
앞쪽으로 와 주시겠어요?

4. **message** [mésidʒ] [메씨지]

명전갈, 메시지

There is no answer to my *message*.
내가 보낸 **메시지**에 답이 없다.

5. **differ** [dífər] [디퍼~]

통다르다

The cost *differ*s from the last one.
지난번 것과 가격이 **다르다**.

6. **treat** [triːt] [트릴]

동대하다, 치료하다 명대접

It's my ***treat*** tonight.
오늘밤은 제가 **내겠습니다**.

7. **release** [rilíːs] [릴리이ㅆ]

동출시(하다), 풀어주다 명석방

You need to ***release*** the tension.
긴장을 **풀어** 줄 필요가 있다.

8. **somewhat** [sʌ́mhwɑ̀t] [썸왈]

부대약간

This result is ***somewhat*** *unexpected. *3-Day29
결과가 **다소** 예상 밖이다.

9. **entire** [intáiər] [인타이어~]

형전체의

Could you copy the ***entire*** script?
대본 **전체를** 복사해 주시겠어요?

10. **historical** [histɔ́ːrikəl] [히ㅅ토리컬]

형역사적인

learn from ***historical*** facts
역사적인 사실들로부터 (교훈 삼아) 배우다

Self Evaluation : 빈칸에 알맞은 단어를 쓰세요.

1. She is a [_____] of cooking.
   그녀는 요리의 **달인**이다.

2. The [_____] industry has developed a lot.
   연예 사업이 많이 발달하였다.

3. Let me sit in the [_____].
   앞쪽에 앉겠습니다.

4. I passed on a [_____] to her.
   그녀에게 **전달** 사항을 넘겨주었다.

5. Korean [_____]s from English in many ways.
   한국어는 영어와 많은 점에서 **다르다**.

6. She [_____]ed the *customers like family. *3-Day28
   그녀는 고객들을 가족처럼 **대하였다**.

7. This model was [_____]d lately.
   이 모델은 얼마 전에 **출시**되었다.

8. This *expression is [_____] mysterious.
   이 표현은 **다소** 이해가 안 가는데요. *3-Day57

9. The [_____] road was covered in snow.
   도로 **전체**가 눈으로 뒤덮였다.

10. We are visiting [_____] places today.
    우리는 오늘 **역사적인** 명소들을 방문할 것이다.

☞ **Self Test** : 뜻을 아는 단어에 ☑ 표시하세요.

□ 1. **review**

He started to *review* his notes one by one.

□ 2. **scene**

The police examined the *scene*.

□ 3. **summer**

Korean *summer* is hot and humid.

□ 4. **college**

He won a scholarship in *college*.

□ 5. **communicate**

Can I *communicate* with them directly?

□ 6. **beat**

I feel my heart *beat*ing quickly.

□ 7. **somewhere**

Is there *somewhere* nice to talk?

□ 8. **merely**

I *merely* wanted to confirm.

□ 9. **chemical**

She will stay in the *chemical* lab for a week.

□ 10. **medium**

It was known through the *media*.

* media
: 'medium'의 복수

Learn : 모르는 단어 위주로 학습하세요

1. **review** [rivjú:] [리뷰우]

※ 명동 복습(하다) 논평, 검토(하다)

She made a *review* of the recent films.
그녀는 최근 영화들을 **논평했다**.

2. **scene** [si:n] [씨인]

✎ *unforgettable [ʌnfərgétəbl]
: 잊을 수 없는

※ 명 장면, 현장

The last *scene* is *unforgettable.
마지막 **장면**은 잊을 수 없다.

3. **summer** [sʌ́mər] [써머~]

※ 명 여름

Summer vacation is only two weeks away.
앞으로 2주일 후면 **여름**방학이다.

4. **college** [kálidʒ] [칼리지]

※ 명 대학[교]

He attended (graduated from) *college*.
그는 **대학**을 다녔다 / 졸업했다.

5. **communicate** [kəmjú:nəkèit] [커뮤너케잍ㅌ]

※ 동 통신(소통)하다, 전하다

We *communicated* with each other in English.
우리는 영어로 **의사소통을 했습니다**.

6. **beat** [bi:t] [비일]

동때리다, 이기다 명박자, 치기

He *beat* his rivals.
그는 경쟁자(라이벌)들을 **물리쳤다.**

7. **somewhere** [sámhwὲər] [썸웨어~]

부어딘가에

I'm sure I saw him *somewhere*.
분명히 그를 **어디서** 봤어요.

8. **merely** [míərli] [미얼리]

부단지

At first, we *merely* made it for fun.
처음엔 **단지** 재미삼아 만들었습니다.

9. **chemical** [kémikəl] [케미컬]

형화학의 명화학물질(agricultural chemical: 농약)

Chemical products are not good for health.
화학제품은 건강에 좋지 않다.

10. **medium** [mí:diəm] [미디엄]

형중간의 명매체

I'd like to buy a *medium*-sized car.
나는 **중형차**를 사고 싶다.

Self Evaluation : 빈칸에 알맞은 단어를 쓰세요.

1. He started to [　　　　　] his notes one by one.
   그는 메모한 것을 하나씩 **검토했다**.

2. The police examined the [　　　　　].
   경찰이 **현장**을 점검했다.

3. Korean [　　　　　] is hot and *humid.
   한국의 **여름**은 덥고 습하다.

   > *humid [hjúːmid]
   > : 습한

4. He won a *scholarship in [　　　　　].
   그는 **대학**에서 *장학금을 받았다.

5. Can I [　　　　　] with them directly?
   그들과 직접 **통신**할 수 있습니까?

6. I feel my heart [　　　　　]ing quickly.
   내 심장이 빨리 **뛰는** 것이 느껴진다.

7. Is there [　　　　　] nice to talk?
   이야기할 만한 **어떤 곳**이 있을까요?

8. I [　　　　　] wanted to confirm.
   나는 **단지** 확인하기를 원했다.

9. She will stay in the [　　　　　] lab for a week.
   그녀는 일주일 동안 **화학** 실험실에서 지낼 것이다.

10. It was known through the [　　　　　].
    그 사실은 대중 **매체**를 통해 알려졌다.

👉 **Self Test** : 뜻을 아는 단어에 ☑ 표시하세요.

□ 1. **politics**
She decided to retire from *politics*.

□ 2. **career**
I began my *career* here long ago.

□ 3. **spirit**
Keep up your *spirit*.

□ 4. **success**
We were surprised by his latest *success*.

□ 5. **share**
Tom and I *share* a lot of information.

□ 6. **react**
The wholesalers *react*ed quickly to the news.

□ 7. **nearly**
The concert hall was *nearly* empty.

□ 8. **towards**
They turned their face *towards* a huge flag.

□ 9. **remote**
Does it work by *remote* control?

□ 10. **political**
People hope for *political* change.

📖 **Learn** : 모르는 단어 위주로 학습하세요

1. **politics** [pálətiks] [팔러틱씨]

📖명정치

He went into *politics* in his thirties.
그는 30대에 **정치**에 입문했다.

2. **career** [kəríər] [커리어~]

📖명직업, 경력

You will also have more *career* choices.
직업 선택의 폭도 넓어질 것이다.

3. **spirit** [spirit] [스피릍트]

📖명정신, 마음

Traveling will lift your *spirit*.
여행이 당신의 **사기**를 북돋울 것입니다.

4. **success** [səksés] [썩쎄씨]

📖명성공

Her challenge was a great *success*.
그녀의 도전은 대단한 **성공**이었다.

5. **share** [ʃɛər] [쉐어~]

📖통공유하다, 나누다 명몫

May I *share* a table?
이 테이블에 앉아도(**동석**해도) 될까요?

6. **react** [riǽkt] [리**엑**ㅌ]

통반응하다

He didn't know how to **react**.
그는 어떻게 **반응해야** 할지 몰랐다.

7. **nearly** [níərli] [니**얼**리]

부거의

His report was **nearly** done.
그의 보고서가 **거의** 완성되었다.

Day
35

8. **towards** [tɔːrdz] [트**워**~ㅈ]

Tip!
's' 없이
'toward'로 표현하기도 함

전…쪽으로, 향하여

He turned his attention **towards** education.
그는 관심을 교육 **분야로** 돌렸다.

9. **remote** [rimóut] [리**모**울ㅌ]

형먼

These are all **remote** locations.
이곳들은 모두 **먼** 장소들이다.

10. **political** [pəlítikəl] [펄**리**티컬]

형정치적인

He didn't *reveal his **political** views. *2-Day42
그는 자신의 **정치적** 견해를 드러내지 않았다.

Self Evaluation : 빈칸에 알맞은 단어를 쓰세요.

1. She decided to *retire from [   ].
   그녀는 **정계**에서 은퇴하기로 결심했다. *2-Day51

2. I began my [   ] here long ago.
   나는 오래전 이곳에서 **경력**을 쌓기 시작했다.

3. Keep up your [   ].
   정신을 바짝 차려라.

4. We were surprised by his latest [   ].
   우리는 최근의 그의 **성공**에 놀라워했다.

5. Tom and I [   ] a lot of information.
   톰과 나는 많은 정보를 **공유한다**.

6. The *wholesalers [   ]ed quickly to the news.
   도매업자들은 그 소식에 즉각 **반응했다**.   *wholesaler [hóulsalər]: 도매업자

7. The concert hall was [   ] empty.
   음악당이 **거의** 비어 있었다.

8. They turned their face [   ] a huge flag.
   그들은 대형 깃발 **쪽으로** 얼굴을 돌렸다.

9. Does it work by [   ] control?
   원격 조정으로 작동시킬 수 있습니까?

10. People hope for [   ] change.
    사람들은 **정치적** 변화를 희망한다.

Self Evaluation : 뜻을 아는 단어에 ☑ 표시하세요.

- ☐ 1 opinion
- ☐ 2 signal
- ☐ 3 condition
- ☐ 4 character
- ☐ 5 handle
- ☐ 6 count
- ☐ 7 suddenly
- ☐ 8 whenever
- ☐ 9 technical
- ☐ 10 broad
- ☐ 11 length
- ☐ 12 flow
- ☐ 13 nation
- ☐ 14 student
- ☐ 15 explore
- ☐ 16 receive
- ☐ 17 altogether

- ☐ 18 moreover
- ☐ 19 medical
- ☐ 20 extreme
- ☐ 21 master
- ☐ 22 entertainment
- ☐ 23 front
- ☐ 24 message
- ☐ 25 differ
- ☐ 26 treat
- ☐ 27 release
- ☐ 28 somewhat
- ☐ 29 entire
- ☐ 30 historical
- ☐ 31 review
- ☐ 32 scene
- ☐ 33 summer
- ☐ 34 college

- ☐ 35 communicate
- ☐ 36 beat
- ☐ 37 somewhere
- ☐ 38 merely
- ☐ 39 chemical
- ☐ 40 medium
- ☐ 41 politics
- ☐ 42 career
- ☐ 43 spirit
- ☐ 44 success
- ☐ 45 share
- ☐ 46 react
- ☐ 47 nearly
- ☐ 48 towards
- ☐ 49 remote
- ☐ 50 political

배운 단어를 얼마나 기억하세요? 정답은 192page 참조
- 맞은 갯수 30개 이하: 수고하셨어요. 한 번만 더 복습^^
- 맞은 갯수 30개 이상: OK! 어려운 단어 복습
- 맞은 갯수 40개 이상: Very Good!!

Review 7
영단어 기본 넘기기 | Level 3

*한 차원 높은 사고력!

🗝 **Self Evaluation** : 빈칸을 채워 보세요.

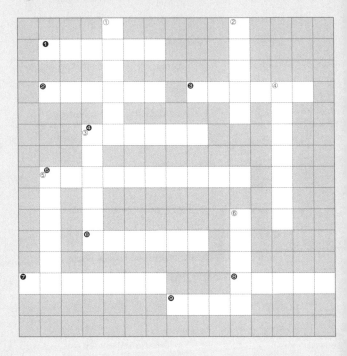

[세로열쇠]
①entire ②scene ③master ④towards ⑤handle ⑥react

[가로열쇠]
❶signal ❷nation ❸length ❹merely ❺historical ❻review ❼receive
❽count ❾beat

⌇[세로열쇠]

① The [   ] road was covered in snow.

② The police examined the [   ].

③ She is a [   ] of cooking.

④ They turned their face [   ] a huge flag.

⑤ I can't [   ] this alone.

⑥ The wholesalers [   ]ed quickly.

⇒○[가로열쇠]

❶ He [   ]ed to his secretary to come in.

❷ trade between the developing [   ]s

❸ The bridge is about 200 meters in [   ].

❹ I [   ] wanted to confirm.

❺ We are visiting [   ] places today.

❻ He started to [   ] his notes one by one.

❼ He [   ]d one million won in prize money.

❽ Did you [   ] them? One is missing.

❾ I feel my heart [   ]ing quickly.

Self Evaluation : 뜻 해석

1 의견	18 게다가	35 통신(소통)하다
2 신호	19 의학의	36 때리다, 치기
3 상태,조건	20 극도의, 지나친	37 어딘가에
4 성격, 특징	21 주인	38 단지
5 다루다	22 오락	39 화학의
6 수를 세다, 셈	23 앞면, 앞쪽	40 중간의
7 갑자기	24 전갈, 메시지	41 정치
8 언제든지	25 다르다	42 직업, 경력
9 기술적인	26 대하다	43 정신, 마음
10 넓은	27 출시, 풀어주다	44 성공
11 길이	28 약간	45 공유하다, 나누다
12 흐름	29 전체의	46 반응하다
13 국가, 국민	30 역사적인	47 거의
14 학생	31 논평, 복습(하다)	48 …쪽으로, 향하여
15 탐구하다	32 장면, 현장	49 먼
16 받다	33 여름	50 정치적인
17 완전히	34 대학[교]	

왕초보 탈출 영단어 **ABC**

영단어
기본 넘기기 Level 3

*Day
36 ~ **40**

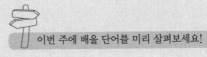
이번 주에 배울 단어를 미리 살펴보세요!

1 novel	11 concept	21 bottom	31 relationship	41 stuff
2 theme	12 spot	22 advice	32 tend	42 wealth
3 membership	13 self	23 contract	33 mood	43 insurance
4 target	14 strength	24 inflation	34 moment	44 selection
5 concern	15 appear	25 prevent	35 drag	45 refer
6 gain	16 vary	26 stick	36 recommend	46 invest
7 completely	17 nowhere	27 personally	37 strongly	47 absolutely
8 literally	18 effectively	28 through	38 gently	48 equal
9 financial	19 minimum	29 visual	39 actual	49 rare
10 similar	20 constant	30 unique	40 negative	50 additional

☞ **Self Test** : 뜻을 아는 단어에 ☑ 표시하세요.

☐ 1. **novel**
   You finally found a *novel* solution.

☐ 2. **theme**
   Are they sorted by *theme*?

☐ 3. **membership**
   I have a *membership* at a fitness center.

☐ 4. **target**
   Our sales *target* for this year was uneasy.

☐ 5. **concern**
   Inflation is our main *concern*.

☐ 6. **gain**
   No pain, no *gain*.

☐ 7. **completely**
   My schedule is *completely* full.

☐ 8. **literally**
   This is *literally* 'an example'.

☐ 9. **financial**
   She is *financial*ly secure now.

☐ 10. **similar**
   The hats at the shop window look *similar*.

Day
36

📖 **Learn** : 모르는 단어 위주로 학습하세요

1. **novel** [návəl] [나블]

│ 명소설 형신기한
│ This drama is based on a *novel*.
│ 이 드라마는 **소설**을 근거로 한 것이다.

2. **theme** [θi:m] [씨임]

│ 명주제
│ Today's *theme* is the *welfare system.
│ 오늘의 **주제**는 복지 제도입니다.

✎ *welfare [wélfɛər]
: 복지

3. **membership** [mémbərʃip] [멤버쉽]

│ 명회원권(자격)
│ The age of *membership* is over 20.
│ **회원권** 신청이 가능한 나이는 20세 이상이다.

4. **target** [táːrgit] [타~깉]

│ 명목표, 과녁
│ Did you reach your *target*?
│ **목표**를 달성했습니까?

5. **concern** [kənsə́ːrn] [컨써언]

│ 명동관심, 관계, 염려(하다)
│ Don't *concern* yourself about it.
│ 그 일에 대해서 **신경 쓰지** 마십시오.

Tip!
I'm concerned~
(염려하다, 신경 쓰다)로
자주 쓰임

6. gain [gein] [게인]

동얻다 명증가

He *gain*ed the hearts of the villagers.
그는 마을 사람들의 인심을 **얻었다**.

7. completely [kəmplí:tli] [컴플**리**틀리]

부완전히

It is *completely* separated from ours.
우리 일과는 **완전히** 분리된 일입니다.

8. literally [lítərəli] [ㄹ**리**터럴리]

부말 그대로

Mental illness *literally* means 'an illness of the mind'.
정신병은 **말 그대로** '마음의 질병'을 의미한다.

9. financial [fainǽnʃəl] [파이낸셜]

형재정적인, 금융의

He is in *financial* difficulties.
그는 **재정적인** 어려움에 처해 있다.

10. similar [símələr] [씨밀러~]

형비슷한

Your bag is *similar* to mine.
당신의 가방이 내 것과 **비슷하네요**.

✏ **Self Evaluation** : 빈칸에 알맞은 단어를 쓰세요.

1. You finally found a ⬚ solution.
   마침내 **참신한** 해결책을 찾았군요.

2. Are they sorted by ⬚?
   주제별로 구분해 놓은 것입니까?

3. I have a ⬚ at a fitness center.
   나는 헬스클럽 **회원권**이 있다.

4. Our sales ⬚ for this year was uneasy.
   올해의 판매 **목표**는 (달성하기가) 쉽지 않았다.

5. Inflation is our main ⬚.
   물가 상승이 우리의 주된 **관심**이다.

6. No pain, no ⬚.
   고통 없이는 **얻는** 것도 없다.

7. My schedule is ⬚ full.
   내 스케줄이 **완전히** 꽉 찼다.

8. This is ⬚ 'an example'.
   이것은 **말 그대로** '견본'일 뿐입니다.

9. She is ⬚ly *secure now. *2-Day14
   그녀는 현재 **금전적**으로 안정되어 있다.

10. The hats at the shop window look ⬚.
    상품 진열대의 모자들이 **비슷해** 보입니다.

👉 **Self Test** : 뜻을 아는 단어에 ☑ 표시하세요.

☐ 1. **concept**
You need to understand its basic *concept*.

☐ 2. **spot**
We heard the news on the *spot*.

☐ 3. **self**
work on the *self*-development programs

☐ 4. **strength**
I don't have enough *strength* to raise my arm.

☐ 5. **appear**
This document *appear*s to be very old.

☐ 6. **vary**
"Do you always jog at this time?" "No, it *vari*es."

☐ 7. **nowhere**
It is *nowhere* to be found!

☐ 8. **effectively**
Use your time *effectively*.

☐ 9. **minimum**
Is there a *minimum* standard?

☐ 10. **constant**
This saying is in *constant* use.

Learn : 모르는 단어 위주로 학습하세요

1. **concept** [kánsept] [컨쎕트]

> 몡개념
>
> This **concept** is not clear to me.
> 이 **개념**이 내게는 명확하지 않아요.

2. **spot** [spat] [스팥]

> 몡점, 지점 통발견하다
>
> He has a small **spot** on his nose.
> 그의 코에 작은 **점**이 하나 있다.

3. **self** [self] [쎌프]

> 몡자기 자신, 스스로
>
> She needs more **self** control.
> 그녀는 **스스로** 좀 더 자제할 필요가 있다.

4. **strength** [streŋθ] [스트렝쓰]

> 몡힘
>
> Use your **strength** to pull the rope.
> **힘**을 내서 밧줄을 당기세요.

5. **appear** [əpíər] [어피어~]

> 통…인 것처럼 보이다, 나타나다
>
> A bug **appear**ed on the window.
> 벌레 한 마리가 창문 위에 **나타났다**.

6. **vary** [vέəri] [베~리]

> 통서로 다르다, 변화하다
>
> The prices **vary** according to its size.
> 크기에 따라 가격이 **변합니다**.

7. **nowhere** [nóuhwεər] [노웨어]

> 튀아무데도[어디에도] 없다
>
> There is **nowhere** to put this!
> 이것을 둘 곳이 **아무데도 없다**.

8. **effectively** [ifέktivli] [이펙티블리]

> 튀효과적으로
>
> She does her job very **effectively**.
> 그녀는 일을 아주 **효과적으로** 한다.

9. **minimum** [mínəməm] [미니멈]

> 형최소한의
>
> Here is the **minimum** score your need.
> 취득해야 할 **최소한의** 점수입니다.

10. **constant** [kánstənt] [컨스턴트]

> 형끊임없는, 변함없는
>
> Please make **constant** efforts for it.
> 그것을 위해 **끊임없이** 노력하십시오.

/ **Self Evaluation** : 빈칸에 알맞은 단어를 쓰세요.

1. You need to understand its basic [   ].
   기본 **개념**부터 이해해야 합니다.

2. We heard the news on the [   ].
   우리는 바로 그 **자리**에서 소식을 들었다.

3. work on the [   ]-development programs
   자아개발 프로그램에 관한 일을 하다.

4. I don't have enough [   ] to raise my arm.
   팔을 들 **힘**이 없네요.

5. This document [   ]s to be very old.
   이 문서는 매우 오랜 된 **것으로 보인다**.

6. "Do you always *jog at this time?" "No, it [   ]es."
   "항상 이 시간에 조깅하세요?" "아뇨, 조금씩 **달라요.**"

   *jog [dʒag]
   : 조깅하다

7. It is [   ] to be found!
   어디를 봐도 못 찾겠는데요.

8. Use your time [   ].
   시간을 **효과적으로** 이용하십시오.

9. Is there a [   ] standard?
   최소한의 기준이 있습니까?

10. This saying is in [   ] use.
    이 속담은 **지속적으로** 사용되고 있다.

Self Test : 뜻을 아는 단어에 ☑ 표시하세요.

☐ 1. **bottom**
Do you see a blue word at the *bottom*?

☐ 2. **advice**
I'd like some detailed *advice*.

☐ 3. **contract**
His *contract* is up this week.

☐ 4. **inflation**
Inflation rate slowed this year.

☐ 5. **prevent**
Extreme diet should be *prevent*ed.

☐ 6. **stick**
Please *stick* to the rules.

☐ 7. **personally**
I *personally* think it is more than enough.

☐ 8. **through**
Her ability improved *through* hard training.

☐ 9. **visual**
Its *visual* effects are great.

☐ 10. **unique**
introduce a *unique* culture / style

Day
38

Learn : 모르는 단어 위주로 학습하세요

1. **bottom** [bátəm] [바틈]

　형맨 아래의 명엉덩이

　The water is really clean to the **bottom**.
　물이 **바닥**까지 보이도록 깨끗하네요.

> **Tip!**
>
> 'hip' (고관절 부근의 엉덩이)
> 구분 필요

2. **advice** [ædváis] [애드바이ㅆ]

　명조언

　John accepted his father's **advice**.
　존은 아버지의 **충고**를 받아들였다.

3. **contract** [kántrækt] [컨트렉ㅌ]

　명계약서 동줄어들다

　renew (*fulfill) the **contract**
　계약을 갱신하다(이행하다)

>
> *fulfill [fulfil]
> : 이행하다

4. **inflation** [infléiʃən] [인플레이션]

　명인플레이션[물가 상승]

　Inflation is getting serious.
　물가 상승이 심각해지고 있다.

5. **prevent** [privént] [프리벤ㅌ]

　동막다. 예방하다

　Doctors are trying to **prevent** the virus.
　의사들은 바이러스를 **막기** 위해 노력하고 있다.

6. **stick** [stik] [스틱]

　　명막대 통붙이다, 고수하다

　　He walked with a walking *stick*.
　　그는 **지팡이**를 의지하여 걸었다.

7. **personally** [pə́ːrsənəli] [퍼~쓰널리]

　　부개인적으로

　　Today is so special for me *personally*.
　　오늘이 내게는 **개인적으로** 특별한 날입니다.

8. **through** [θruː] [쓰루우]

　　전…을 통해 부줄곧, 내내

　　Walk *through* the building.
　　건물을 **통과**해서 가세요.

9. **visual** [víʒuəl] [비주얼]

　　형시각의

　　Are you interested in the *visual* arts?
　　시각 예술에 대해 관심이 있습니까?

10. **unique** [juːníːk] [유닉]

　　형독특한

　　The chef opened his *unique* recipe.
　　요리사는 자신의 **독특한** 조리법을 공개했다.

Self Evaluation : 빈칸에 알맞은 단어를 쓰세요.

1. Do you see a blue word at the [   ]?
   하단에 파란 글자 보이세요?

2. I'd like some detailed [   ].
   상세한 **조언**을 구합니다.

3. His [   ] is up this week.
   그의 **계약**은 이번 주에 끝난다.

4. [   ] rate slowed this year.
   금년에 **물가 상승**이 둔화되었다.

5. *Extreme diet should be [   ]ed. *3-Day32
   과도한 다이어트는 **막아야** 합니다.

6. Please [   ] to the rules.
   규칙을 **지켜주세요**.

7. I [   ] think it is more than enough.
   개인적으로 이 정도면 아주 충분하다고 생각합니다.

8. Her ability improved [   ] hard training.
   힘든 훈련**을 통해** 그녀의 실력이 향상되었다.

9. Its [   ] effects are great.
   시각적 효과가 대단하다.

10. introduce a [   ] culture / style
    독특한 문화를/방식을 소개하다.

☞ **Self Test** : 뜻을 아는 단어에 ☑ 표시하세요.

☐ 1. **relationship**
(the parent-child/a strong) *relationship*

☐ 2. **tend**
He *tend*s to talk back to his father these days.

☐ 3. **mood**
How can we lift the current *mood*?

☐ 4. **moment**
It's the *moment* we were hoping for.

☐ 5. **drag**
The meeting has *drag*ged on for a long time.

☐ 6. **recommend**
I *recommend* taking the subway train.

☐ 7. **strongly**
I *strongly* believe his words.

☐ 8. **gently**
She always talks to me *gently*.

☐ 9. **actual**
How do you record the *actual* sound?

☐ 10. **negative**
We anticipated *negative* reactions.

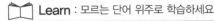

📖 **Learn** : 모르는 단어 위주로 학습하세요

1. **relationship** [riléiʃənʃip] [릴레이션쉽]

> 명 관계
>
> The data has no *relationship* to the topic.
> 그 자료는 주제와 **관련**이 없다.

2. **tend** [tend] [텐드]

> 동 ~경향이 있다
>
> He *tend*s to be late for the meeting.
> 그는 회의 시간에 늦는 **경향이 있다.**

3. **mood** [muːd] [무우ㄷ]

> 명 기분, 분위기
>
> I'm not in the *mood* for talking.
> 난 대화할 **기분**이 아닙니다.

4. **moment** [móumənt] [**모**우먼ㅌ]

> 명 잠깐, 순간
>
> I really enjoyed every *moment*.
> 모든 **순간** 정말 즐거웠습니다.

5. **drag** [dræg] [드레ㄱ]

> 동 끌다, 끌리다 (마우스를) 드래그 하다
>
> He is *drag*ging his coat in the mud.
> 그가 코트 자락을 진흙 속에서 **끌면서 가고 있다.**

6. **recommend** [rèkəménd] [레커멘드]

통추천하다, 권하다

Would you *recommend* a nice coffee shop?
괜찮은 커피숍 **추천해** 주시겠어요?

7. **strongly** [strɔ́:ŋli] [스트롱리]

부강하게

The (building/ship) was *strongly* built.
(건물이/배가) **튼튼하게** 지어졌다.

8. **gently** [dʒéntli] [젠틀리]

부부드럽게, 온화하게

Please shake the bottle *gently*.
병을 **부드럽게** 흔들어 주세요.

9. **actual** [ǽkʃuəl] [액츄얼]

형실제의

The *actual* price may vary.
실제 거래 가격은 달라질 수 있습니다.

10. **negative** [négətiv] [네거티브]

명형부정(적인), 음성(의)

His attitude was not so *negative*.
그의 태도는 그렇게 **부정적이지** 않았다.

Self Evaluation : 빈칸에 알맞은 단어를 쓰세요.

1. (the parent-child/a strong) [   ] .
   (부모–자녀간의/강한) **유대관계**

   *talk back
   : 말대꾸하다

2. He [   ]s to *talk back to his father these days.
   그는 요즘 아버지에게 말대꾸하는 **경향이 있다.**

3. How can we lift the *current [   ] ?   *1-Day37
   현재의 **분위기**를 어떻게 나아지게 만들죠?

4. It's the [   ] we were hoping for.
   우리가 희망하던 **순간**입니다.

5. The meeting has [   ]ged on for a long time.
   회의가 오랫동안 시간을 **끌었다.**

6. I [   ] taking the subway train.
   전철을 이용하시기를 **권합니다.**

7. I [   ] believe his words.
   나는 그가 한 말을 **굳게** 믿는다.

8. She always talks to me [   ] .
   그녀는 언제나 나에게 **상냥하게** 말한다.

9. How do you record the [   ] sound?
   실제 소리를 어떻게 녹음하십니까?

10. We *anticipated [   ] reactions.
    우리는 **부정적인** 반응을 예상했다.   *3-Day54

👉 **Self Test** : 뜻을 아는 단어에 ☑ 표시하세요.

☐ 1. **stuff**
Put your *stuff* into the drawer.

☐ 2. **wealth**
He got back up again after he lost his *wealth*.

☐ 3. **insurance**
The *insurance* company will cover your bill.

☐ 4. **selection**
We have a limited *selection* of words.

☐ 5. **refer**
Refer to the city map when driving.

☐ 6. **invest**
Vast funds were *invest*ed in this field.

☐ 7. **absolutely**
These are *absolutely* placed in order.

☐ 8. **equal**
Everybody is *equal* before the law.

☐ 9. **rare**
She was surprised by a *rare* gift.

☐ 10. **additional**
There will be an *additional* employment.

Learn : 모르는 단어 위주로 학습하세요

1. **stuff** [stʌf] [스떱프]

> 명물건 통(빽빽하게)채우다, 쑤셔 넣다
>
> Are you going to carry all that ***stuff***?
> 그 **물건**들을 모두 운반하려고 하세요?

2. **wealth** [welθ] [웰쓰]

> 명재산, 부
>
> She *gained ***wealth*** at a young age. *3-Day36
> 그녀는 젊은 나이에 **재산**을 얻었다. (부자가 되었다)

3. **insurance** [inʃúərəns] [인슈어런쓰]

> *fall behind
> : 뒤처지다

> 명보험
>
> I've *fallen behind with my ***insurance*** payment.
> 내 **보험**금이 미납되었어요.

4. **selection** [silékʃən] [씰렉션]

> 명선발, 선택
>
> Your ***selection***s will arrive in a few days.
> **선택**한 물건들이 며칠 후면 도착할 것입니다.

5. **refer** [rifə́:r] [리퍼~]

> 통언급하다, 참조하다
>
> Which item are you ***refer***ring to?
> 어떤 품목을 **언급**하시는지요?

6. **invest** [invést] [인베스트]

　　동투자하다

　　She put off *invest*ing in this project.
　　그녀는 이 프로젝트에 **투자하는** 것을 보류하였다.

7. **absolutely** [æbsəlúːtli] [앱썰루틀리]

　　부전적으로

　　His *statement is *absolutely* true.
　　그의 진술은 **분명히** 진실이다. *3–Day51

8. **equal** [íːkwəl] [이퀄]

　　형평등한

　　Each one was given an *equal* amount of bonus.
　　각자가 **균등한** 금액의 보너스를 받았다.

9. **rare** [rɛər] [레어~]

　　형희귀한, 드문

　　Is the snow a *rare* sight here?
　　이곳은 눈 오는 날씨가 **드문가요**?

10. **additional** [ədíʃənl] [어디셔널]

　　형추가의

　　There is no *additional* charge.
　　추가 요금은 없습니다.

Day
40

Self Evaluation : 빈칸에 알맞은 단어를 쓰세요.

1. Put your [_____] into the drawer.
   소지품을 서랍 속에 넣으세요.

   ✎ *got back up
   : 다시 일어서다

2. He *got back up again after he lost his [_____].
   그는 **재산**을 잃고 다시 일어섰다.

3. The [_____] company will cover your bill.
   보험 회사가 비용을 지불할 것입니다.

4. We have a limited [_____] of words.
   단어 **선택**이 제한되어 있습니다.

5. [_____] to the city map when driving.
   운전 시 도시의 지도를 **참조하십시오**.

6. Vast funds were [_____]ed in this field. *3-Day44
   막대한 자금들이 이 분야에 **투자**되었다.

7. These are [_____] placed *in order.
   이것들은 **분명히** *순서대로 배열한 것입니다.

8. Everybody is [_____] before the law.
   법 앞에서는 만인이 **평등**하다.

9. She was surprised by a [_____] gift.
   그녀는 **희귀한** 선물을 받고 놀라워했다.

10. There will be an [_____] employment.
    추가로 신입직원 채용이 있을 예정이다.

Self Evaluation : 뜻을 아는 단어에 ☑ 표시하세요.

☐ 1 novel	☐ 18 effectively	☐ 35 drag
☐ 2 theme	☐ 19 minimum	☐ 36 recommend
☐ 3 membership	☐ 20 constant	☐ 37 strongly
☐ 4 target	☐ 21 bottom	☐ 38 gently
☐ 5 concern	☐ 22 advice	☐ 39 actual
☐ 6 gain	☐ 23 contract	☐ 40 negative
☐ 7 completely	☐ 24 inflation	☐ 41 stuff
☐ 8 literally	☐ 25 prevent	☐ 42 wealth
☐ 9 financial	☐ 26 stick	☐ 43 insurance
☐ 10 similar	☐ 27 personally	☐ 44 selection
☐ 11 concept	☐ 28 through	☐ 45 refer
☐ 12 spot	☐ 29 visual	☐ 46 invest
☐ 13 self	☐ 30 unique	☐ 47 absolutely
☐ 14 strength	☐ 31 relationship	☐ 48 equal
☐ 15 appear	☐ 32 tend	☐ 49 rare
☐ 16 vary	☐ 33 mood	☐ 50 additional
☐ 17 nowhere	☐ 34 moment	

배운 단어를 얼마나 기억하세요? 정답은 218page 참조
- 맞은 갯수 30개 이하: 수고하셨어요. 한 번만 더 복습^^
- 맞은 갯수 30개 이상: OK! 어려운 단어 복습
- 맞은 갯수 40개 이상: Very Good!!

🔑 Self Evaluation : 빈칸을 채워 보세요.

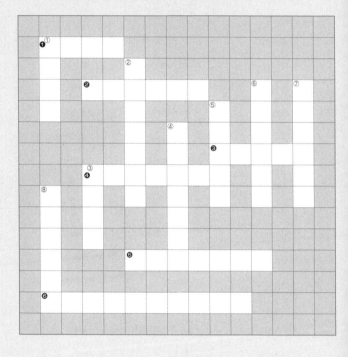

[세로열쇠]

① We heard the news on the ⬚ .

② Extreme diet should be ⬚ ed.

③ How can we lift the current ⬚ ?

④ The hats at the shop window look ⬚ .

⑤ Are they sorted by ⬚ ?

⑥ Its ⬚ effects are great.

⑦ He got back up again after he lost his ⬚ .

⑧ Do you see a blue word at the ⬚ ?

[가로열쇠]

❶ work on the ⬚ -development program

❷ Our sales ⬚ for this year was uneasy.

❸ Everybody is ⬚ before the law.

❹ Is there a ⬚ standard?

❺ Her ability improved ⬚ hard training.

❻ I have a ⬚ at a fitness center.

☼ Self Evaluation : 뜻 해석

1 소설	18 효과적으로	35 끌다, 끌리다
2 주제	19 최소한의	36 추천하다, 권하다
3 회원권	20 끊임없는, 변함없는	37 강하게
4 목표	21 맨 아래의, 엉덩이	38 부드럽게, 온화하게
5 관심,염려(하다)	22 조언	39 실제의
6 얻다	23 계약서	40 부정(적인)
7 완전히	24 물가상승	41 물건
8 말 그대로	25 막다, 예방하다	42 재산, 부
9 재정적인, 금융의	26 막대, 고수하다	43 보험
10 비슷한	27 개인적으로	44 선발, 선택
11 개념	28 …을 통해	45 언급(참조)하다
12 점	29 시각의	46 투자하다
13 자기 자신, 스스로	30 독특한	47 전적으로
14 힘	31 관계	48 평등한
15 나타나다, …해 보이다	32 …경향이 있다	49 희귀한, 드문
16 서로 다르다, 변하다	33 기분, 분위기	50 추가의
17 어디에도 없다	34 잠깐, 잠시	

왕초보 탈출 영단어 ABC

영단어
기본 넘기기 Level 3

*Day
41 ~ **45**

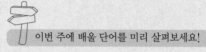

이번 주에 배울 단어를 미리 살펴보세요!

1 reality	11 situation	21 quarter	31 advertising	41 traffic
2 entry	12 capital	22 project	32 credit	42 edge
3 psychology	13 discount	23 log	33 solution	43 passion
4 season	14 notice	24 apply	34 shape	44 chart
5 spread	15 register	25 achieve	35 occur	45 reduce
6 tap	16 claim	26 maximum	36 accept	46 suggest
7 average	17 readily	27 similarly	37 ideal	47 appeal
8 briefly	18 somehow	28 slightly	38 unfortunately	48 significant
9 private	19 able	29 annual	39 slight	49 aware
10 valuable	20 mental	30 internal	40 vast	50 confuse

👉 **Self Test** : 뜻을 아는 단어에 ☑ 표시하세요.

☐ 1. **reality**
Our *reality* is reflected in this story.

☐ 2. **entry**
The fee includes *entry* to the museum.

☐ 3. **psychology**
Psychology is used to guide the students.

☐ 4. **season**
This meat is *season*ed with salt.

☐ 5. **spread**
The smell *spread* over the room.

☐ 6. **tap**
We heard someone *tap*ping on the window.

☐ 7. **average**
I bought it at an *average* price.

☐ 8. **briefly**
Let me *briefly* mention one thing.

☐ 9. **private**
I mean I'm asking about your *private* opinion.

☐ 10. **valuable**
My *valuable* moments are in these photos.

📖 **Learn** : 모르는 단어 위주로 학습하세요

1. **reality** [riǽləti] [리앨러티]

> 명현실
>
> Your dream will become a *reality*.
> 당신의 꿈이 **현실**이 될 것입니다.

2. **entry** [éntri] [엔트리]

> 명입장
>
> This is a ticket for *entry* into the concert.
> 공연 입장에 필요한 **입장**권입니다.

3. **psychology** [saikálədʒi] [싸이칼러쥐]

> 명심리학
>
> I studied *psychology* in college.
> 나는 대학에서 **심리학**을 배웠다.

4. **season** [síːzn] [씨이즌]

> 명계절 통양념하다
>
> More vehicles will run in high *season*.
> 한창 **때**에는 차량을 더 운행할 것입니다.

5. **spread** [spred] [ㅅ프레드]

> 통펼치다, 펴바르다 명확산
>
> *spread* (a rumor /jam on the bread)
> 소문을 **퍼뜨리다**/잼을 빵 위에 **펴 바르다**.

6. tap [tæp] [탶]

图두드리다 圐수도꼭지

turn on(off)the *tap*
수도꼭지를 틀다(잠그다)

7. average [ǽvəridʒ] [애버리쥐]

圐圐평균[의]

The *average* score was 70 out of 100.
평균점수는 100점 만점 중 70점이었다.

8. briefly [bríːfli] [브리플리]

閏잠시, 간단히

Please take notes *briefly*.
간단하게 메모하세요.

9. private [práivət] [프라이빝]

圐개인적인

All my stuff is in my *private* office.
내 물건들은 **개인** 사무실에 있습니다.

10. valuable [vǽljuəbl] [벨류어블]

圐값비싼, 소중한 圐귀중품

Put your *valuable*s in the safety box.
귀중품은 귀중품 보관함에 두시기 바랍니다.

✎ **Self Evaluation** : 빈칸에 알맞은 단어를 쓰세요.

1. Our [   ] is *reflected in this story. *2-Day60

   우리의 **현실**이 이 이야기 안에 반영되어 있다.

2. The fee *includes [   ] to the museum.

   요금은 박물관 **입장**을 포함하고 있다. *2-Day20

3. [   ] is used to guide the students.

   학생들을 선도하는 일에 **심리학**이 사용된다.

4. This meat is [   ]ed with salt.

   이 고기는 소금으로 **양념한 것입니다.**

5. The smell [   ] over the room.

   냄새가 방안에 **퍼졌다.**

6. We heard someone [   ]ping on the window.

   우리는 누군가 창문 **두드리는** 소리를 들었다.

7. I bought it at an [   ] price.

   나는 그것을 **평균** 가격으로 구입했습니다.

8. Let me [   ] mention one thing.

   한 가지만 **간단히** 언급하겠습니다.

9. I mean I'm asking about your [   ] opinion.

   말씀드리자면, 당신의 **개인적인** 의견을 알고 싶습니다.

10. My [   ] moments are in these photos.

    나의 **소중한** 순간들이 이 사진들 속에 있습니다.

☞ **Self Test** : 뜻을 아는 단어에 ☑ 표시하세요.

- [ ] 1. **situation**
  He explained the *situation*.

- [ ] 2. **capital**
  Write in *capital* letters.

- [ ] 3. **discount**
  The prices of clothing were *discount*ed greatly.

- [ ] 4. **notice**
  You can't change rules without any *notice*.

- [ ] 5. **register**
  Could you send it by *register*ed mail?

- [ ] 6. **claim**
  Her *claim* is worth examining.

- [ ] 7. **readily**
  Your idea is *readily* understandable.

- [ ] 8. **somehow**
  Somehow, we've managed it successfully.

- [ ] 9. **able**
  Are you *able* to make this story shorter?

- [ ] 10. **mental**
  Love and care will affect your *mental* health.

📖 **Learn** : 모르는 단어 위주로 학습하세요

---

1. **situation** [sìʧuéiʃən] [시츄에이션]

명상황, 환경

I've been in this kind of *situation*.
저도 이러한 **상황**에 처한 적이 있습니다.

2. **capital** [kǽpətl] [캐피틀]

명수도, 자본, 대문자 형주요한

travel to Hanoi, Vietnam's *capital* city
베트남의 **수도**인 하노이로 여행가다

3. **discount** [dískaunt] [디스카운트]

명할인 통할인하다

get a 10% *discount* with a coupon
쿠폰으로 10퍼센트 **할인**받다

4. **notice** [nóutis] [노우티ㅆ]

통…을 알아차리다 명예고, 주의

Give me a *notice* before leaving.
출발 전에 **알려**주세요.

5. **register** [rédʒistər] [레지스터~]

통등록하다 명기록부

Click here and *register* your name first.
이곳을 클릭하여 이름을 먼저 **등록**하세요.

Day
42

6. **claim** [kleim] [클레임]

　　명 동 주장(하다)

　　The reviewr's *claim* is wrong.
　　그 비평가의 **주장**은 틀렸다.

7. **readily** [rédəli] [레딜리]

　　부 쉽게

　　These supplies are *readily* *available. *3-Day48
　　이 물품들은 언제나 **쉽게** 이용 가능합니다.

8. **somehow** [sʌ́mhàu] [썸하우]

　　부 어떻게든, 그럭저럭

　　Somehow, they will amaze us.
　　그들은 **어떻게든** 우리를 놀라게 할 것이다.

9. **able** [éibl] [에이블]

　　형 …할 수 있는, 유능한

　　He is smart and *able* in problem solving.
　　그는 문제 해결에 있어서 똑똑하고 **능력이 있다**.

10. **mental** [méntl] [멘틀]

　　형 정신의

　　Mental health *influences our lives. *3-Day59
　　정신 건강이 우리의 삶에 영향을 끼친다.

Self Evaluation : 빈칸에 알맞은 단어를 쓰세요.

1. He explained the [_____].
   그는 그 **상황**을 설명했다.

2. Write in [_____] letters.
   대문자로 쓰십시오.

3. The prices of clothing were [_____]ed greatly.
   의류 가격이 큰 폭으로 **할인**되었다.

4. You can't change rules without any [_____].
   아무 **예고** 없이 규칙을 바꿀 수 없습니다.

5. Could you send it by [_____]ed mail?
   등기 우편으로 보내주시겠어요?

6. Her [_____] is worth *examining. *2-Day27
   그녀의 **주장**은 검토해볼 만한 것이다.

7. Your idea is [_____] understandable.
   당신의 생각은 **쉽게** 이해할 수 있다.

8. [_____], we've managed it successfully.
   어찌됐든, 우리는 그 일을 성공적으로 해냈다.

9. Are you [_____] to make this story shorter?
   이 이야기를 짧게 만들 **수 있겠어요**?

10. Love and care will *affect your [_____] health. *2-Day19
    사랑과 보살핌이 **정신** 건강에 영향을 미칠 것입니다.

📑 **Self Test** : 뜻을 아는 단어에 ☑ 표시하세요.

☐ 1. **quarter**

A *quarter* of seats are still empty.

☐ 2. **project**

They spent a huge amount of money on this *project*.

☐ 3. **log**

The teacher kept a *log* while teaching.

☐ 4. **apply**

I would like to *apply* for a Visa card.

☐ 5. **achieve**

He did his best to *achieve* the goal.

☐ 6. **maximum**

This battery runs *maximum* 10 hours.

☐ 7. **similarly**

Similarly, we need to cooperate for this project too.

☐ 8. **slightly**

The contents seem *slightly* complex.

☐ 9. **annual**

You should refer to *annual* trend.

☐ 10. **internal**

the *internal* structure of the company

Learn : 모르는 단어 위주로 학습하세요

1. **quarter** [kwɔ́ːrtər] [쿼터~]

图4분의 1, 15분, 25센트 등

He split the cake into *quarter*s.
그는 케이크를 네 **등분** 했다.

 Tip!

'quarter' : 네 등분한 것 중 하나
ex)
3시15분: a quarter after 3
25센트 : a quarter
1/4분기: the first quarter

2. **project** [prádʒekt] [프로젝트]

图图사업, 기획(하다)

She completed a *project* honestly.
그녀는 **계획**을 충실하게 수행했다.

3. **log** [lɔ(ː)g] [ㄹ로ㄱ]

图통나무, 일지 图기록하다

The house is made of *log*s.
그 집은 **통나무**로 만들어졌다.

4. **apply** [əplái] [어플라이]

图신청하다, 적용하다[되다], 바르다

I want to *apply* for a loan.
나는 대출 **신청**을 **하려**고 합니다.

5. **achieve** [ətʃíːv] [어취이ㅂ]

图달성하다

The team *achieve*d the target at the end.
팀은 결국 목표를 **달성했다**.

6. **maximum** [mǽksəməm] [멕씨멈]

　　명형최고[의]

　　The heater is set to *maximum*.
　　난방기는 **최고로** 설정되어 있다.

7. **similarly** [símələrli] [씨밀러얼리]

　　부비슷하게

　　Similarly, there feedback was highly positive.
　　마찬가지로, 그들의 피드백은 대단히 긍정적이었다.

8. **slightly** [sláitli] [슬라이틀리]

　　부약간

　　She looked *slightly* scared.
　　그녀는 **약간** 겁먹은 듯 보였다.

9. **annual** [ǽnjuəl] [애뉴얼]

　　형매년의

　　Annual interest rate has *risen.
　　연 이자율이 상승했다.　　*2-Day16 : rise의 과거분사형

10. **internal** [intə́:rnl] [인터늘]

　　형내부의

　　Internal errors will be solved.
　　내부 오류는 해결될 것이다.

Self Evaluation : 빈칸에 알맞은 단어를 쓰세요.

1. A [   ] of seats are still empty.
   좌석의 **4분의 1**은 아직 비어 있다.

2. They spent a huge amount of money on this [   ].
   그들은 이번 **사업**에 큰 돈을 썼다.

3. The teacher *kept a [   ] while teaching.
   교사는 가르치면서 **일지**에 기록했다.
   *keep a log
   : 일지에 기록ㅎ

4. I would like to [   ] for a Visa card.
   비자 카드를 **신청**하고 싶습니다.

5. He *did his best to [   ] the goal.
   그는 목표를 **달성하기** 위해 최선을 다했다.
   *do one's bes
   : 최선을 다하ㄷ

6. This battery runs [   ] 10 hours.
   이 배터리는 **최대** 10시간까지 사용이 가능하다.

7. [   ], we need to cooperate for this project too.
   마찬가지로, 이번 계획도 우리가 협동해야만 한다.

8. The contents seem [   ] complex.
   내용들이 **약간** 복잡한 것 같다.

9. You should *refer to [   ] trend. *3-Day40
   매년 경향을 참조해야 합니다.

10. the [   ] structure of the company
    회사의 **내부** 구조

☞ **Self Test** : 뜻을 아는 단어에 ☑ 표시하세요.

□ 1. **advertising**
Who is the target of the *advertising*?

□ 2. **credit**
May I pay for it with a *credit* card?

□ 3. **solution**
Here is the only *solution* for you.

□ 4. **shape**
It's excellent in *shape* and color.

□ 5. **occur**
Earthquakes often *occur*red in this area.

□ 6. **accept**
We have no choice but to *accept* his offer.

□ 7. **ideal**
The conditions are far from *ideal*.

□ 8. **unfortunately**
Unfortunately, we can't turn back now.

□ 9. **slight**
I have a *slight* hangover.

□ 10. **vast**
There has been a *vast* improvement in quality.

Learn : 모르는 단어 위주로 학습하세요

1. advertising [ǽdvərtàiziŋ] [애드버타이징]

명 광고

an expert in product **advertising**
제품 **광고**에 있어서의 전문가

2. credit [krédit] [크레디트]

*on credit
: 외상으로

명 신용[거래]

You can buy these items *on **credit**.
이 품목들을 *외상으로(**신용 거래**로)구입 가능합니다.

3. solution [səlúːʃən] [썰루션]

명 해법

Ask him for a **solution**.
그에게 **해결책**에 관해 요청해보세요.

4. shape [ʃeip] [쉐잎]

명 모양, 체형

*in shape
: 건강한 (좋은 체형을
유지함으로 건강을 의미함

He is in **shape**./ Keep *in **shape**!
그는 **건강**합니다. / **건강**을 유지하세요.

5. occur [əkə́ːr] [어커~]

동 발생하다

Do you remember when it **occur**red?
그 일이 언제 **일어났는지** 기억하세요?

6. accept [æksépt] [액쎄ㅌ]

동 받아들이다

It took time to *accept* his *proposal. *2-Day38
그의 제안을 **수락하는데** 시간이 걸렸다.

7. ideal [aidíːəl] [아이디얼]

명 형 이상(적인)

This island is an *ideal* place for a holiday.
이 섬은 휴가를 보내기에 **이상적인** 장소이다.

8. unfortunately [ʌnfɔ́ːrtʃənətli] [언포~츄널리]

부 불행하게도, 안타깝게도

Unfortunately, they missed each other.
안타깝게도, 그들이 서로 (길이) 엇갈렸어요.

9. slight [slait] [슬라잍ㅌ]

형 약간의

She noticed a *slight* change of design.
그녀는 **약간의** 디자인의 변화를 알아챘다.

10. vast [væst] [배스ㅌ]

형 방대한

save the *vast* amount of data
방대한 양의 자료를 저장하다

✏️ **Self Evaluation** : 빈칸에 알맞은 단어를 쓰세요.

1. Who is the target of the [_____] ?
   누구를 목표로 한 **광고**입니까?

2. May I pay for it with a [_____] card?
   신용카드로 지불해도 되나요?

3. Here is the only [_____] for you.
   당신에게 필요한 유일한 **해결책**이 여기에 있습니다.

4. It's excellent in [_____] and color.
   모양과 색상 면에서 훌륭합니다.

5. Earthquakes often [_____]ed in this area.
   이 지역에 지진이 종종 **발생했다**.

6. We have *no choice but to [_____] his offer.
   우리는 어쩔 수 없이 그의 제의를 **받아들여야만** 한다.

   ✏️ *no choice bu
   : 할 수 없이 ~ㅎ

7. The conditions are far from [_____] .
   조건들이 **이상**과는 거리가 멀다.

8. [_____] , we can't turn back now.
   안타깝게도, 지금은 돌아갈 수가 없습니다.

   ✏️ *hangove [hǽŋouvə
   : 숙취

9. I have a [_____] *hangover.
   약간의 숙취가 있어요.

10. There has been a [_____] improvement in quality.
    품질이 **크게** 향상되었다.

☞ **Self Test** : 뜻을 아는 단어에 ☑ 표시하세요.

□ 1. **traffic**
The road has surprisingly little *traffic*.

□ 2. **edge**
It's near the northern *edge* of the lake.

□ 3. **passion**
His speech is full of *passion*.

□ 4. **chart**
It's at the top (bottom) of the *chart*.

Day 45

□ 5. **reduce**
The pain was *reduce*d by this pill.

□ 6. **suggest**
I *suggest* leaving it to the buyers.

□ 7. **appeal**
This model *appeal*ed to all ages.

□ 8. **significant**
There are *significant* issues to talk about.

□ 9. **aware**
I wasn't *aware* that it was due today.

□ 10. **confuse**
The contents are very *confus*ing.

Learn : 모르는 단어 위주로 학습하세요

1. **traffic** [tréfik] [트래픽ㅋ]

명교통, 운송

Traffic is all tied up tonight.
오늘밤은 **교통**이 완전히 정체되어 있다. (=묶여있다)

2. **edge** [edʒ] [앤쥐]

명가장자리 동테두리를 두르다

Step away from the ***edge*** of the *cliff.
절벽 **가장자리**에서 물러서세요.

> *cliff [klif]
> : 절벽

3. **passion** [pǽʃən] [패션]

명열정

She has a ***passion*** for painting.
그녀는 그림에 대한 **열정**이 있다.

4. **chart** [tʃɑːrt] [차아~ㅌ]

명도표

The *figures are listed on the ***chart***. *1-Day47
수치가 **도표**에 나열되어 있습니다.

5. **reduce** [ridjúːs] [리듀우ㅆ]

동줄이다

We ***reduce***d all kinds of expenses.
우리는 모든 종류의 경비를 **줄였다**.

6. **suggest** [səgdʒést] [써**제**ㅅ트]

图제안하다

The doctor **suggest**ed walking very often.
의사는 자주 걸을 것을 **제안**했다.

7. **appeal** [əpíːl] [어**피**일ㄹ]

명통관심[을 끌다]

*appealing
: 매력적인

He made an **appeal**ing advertisement.
그는 **매력적인** 광고를 만들었다.

Day
45

8. **significant** [signífikənt] [씨그**니**피컨트]

형중대한, 의미있는

A **Significant** number of buyers *wrote comments.
상당수의 구매자들이 댓 글을 달았다.

*wrote
: 적었다 write의 과거형

9. **aware** [əwéər] [어웨어~]

형…을 알고있는

I am **aware** of (its value/the fact that~).
(그것의 가치를/~한 사실을) **알고** 있다.

10. **confuse** [kənfjúz] [컨**퓨**즈]

图혼란 시키다

I am **confuse**d about what to do.
나는 무엇을 해야 할지 **혼란스럽다**.

✎ **Self Evaluation** : 빈칸에 알맞은 단어를 쓰세요.

1. The road has surprisingly little [   ].
   놀랍게도 **교통**이 원활합니다.

2. It's near the northern [   ] of the lake.
   그곳은 호수의 북쪽 **가장자리** 근처에 있다.

3. His speech is full of [   ].
   그의 연설은 **열정**으로 가득하다.

4. It's at the top (bottom) of the [   ].
   그것은 **도표** 상단(하단)에 있습니다.

5. The pain was [   ]d by this pill.
   이 약으로 통증이 **줄었습니다**.

6. I [   ] *leaving it to the buyers.
   구매자들에게 일임하는 것을 **제안합니다**.

   ✎ *leave to
   : ~에게 맡기다

7. This model [   ]ed to all ages.
   이 모형이 모든 나이대의 **관심을 끌었다**.

8. There are [   ] issues to talk about.
   논의해야 할 **중대한** 과제가 있습니다.

9. I wasn't [   ] that it was due today.
   마감일이 오늘인지 **알지** 못했습니다.

10. The *contents are very [   ]ing. *1-Day55
    내용이 매우 **혼동된다**.

Self Evaluation : 뜻을 아는 단어에 ☑ 표시하세요.

☐ 1 reality
☐ 2 entry
☐ 3 psychology
☐ 4 season
☐ 5 spread
☐ 6 tap
☐ 7 average
☐ 8 briefly
☐ 9 private
☐ 10 valuable
☐ 11 situation
☐ 12 capital
☐ 13 discount
☐ 14 notice
☐ 15 register
☐ 16 claim
☐ 17 readily

☐ 18 somehow
☐ 19 able
☐ 20 mental
☐ 21 quarter
☐ 22 project
☐ 23 log
☐ 24 apply
☐ 25 achieve
☐ 26 maximum
☐ 27 similarly
☐ 28 slightly
☐ 29 annual
☐ 30 internal
☐ 31 advertising
☐ 32 credit
☐ 33 solution
☐ 34 shape

☐ 35 occur
☐ 36 accept
☐ 37 ideal
☐ 38 unfortunately
☐ 39 slight
☐ 40 vast
☐ 41 traffic
☐ 42 edge
☐ 43 passion
☐ 44 chart
☐ 45 reduce
☐ 46 suggest
☐ 47 appeal
☐ 48 significant
☐ 49 aware
☐ 50 confuse

Review
9

배운 단어를 얼마나 기억하세요? 정답은 244page 참조
• 맞은 갯수 30개 이하: 수고하셨어요. 한 번만 더 복습^^
• 맞은 갯수 30개 이상: OK! 어려운 단어 복습
• 맞은 갯수 40개 이상: Very Good!!

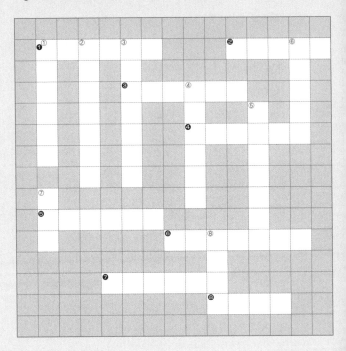

🔑 **Self Evaluation** : 빈칸을 채워 보세요.

[세로열쇠]
①appeal ②capital ③passion ④spread ⑤suggest ⑥aware ⑦tap
⑧able

[가로열쇠]
❶accept ❷ideal ❸season ❹reduce ❺annual ❻quarter
❼mental ❽edge

𝄐 [세로열쇠]

① This model [＿＿＿]ed to all ages.

② Write in [＿＿＿] letters.

③ His speech is full of [＿＿＿].

④ The smell [＿＿＿] over the room.

⑤ I [＿＿＿] leaving it to the buyers.

⑥ I wasn't [＿＿＿] that it was due today.

⑦ We heard someone [＿＿＿]ping on the window.

⑧ Are you [＿＿＿] to make this story shorter?

⌥○[가로열쇠]

❶ We have no choice but to [＿＿＿] his offer.

❷ The conditions are far from [＿＿＿].

❸ This meat is [＿＿＿]ed with salt.

❹ The pain was [＿＿＿]d by this pill.

❺ You should refer to [＿＿＿] trend.

❻ A [＿＿＿] of seats are still empty.

❼ Love and care will affect your [＿＿＿] health.

❽ It's near the northern [＿＿＿] of the lake.

☀ Self Evaluation : 뜻 해석

1 현실	18 어떻게든	35 발생하다
2 입장	19 …할 수 있는	36 받아들이다
3 심리학	20 정신의	37 이상(적인)
4 계절	21 4분의 1, 25센트	38 불행하게도
5 펼치다, 펴바르다	22 사업, 기획	39 약간의
6 두드리다	23 통나무, 기록하다	40 방대한
7 평균[의]	24 신청하다, 바르다	41 교통, 운송
8 잠시, 간단히	25 달성하다	42 가장자리
9 개인적인	26 최고[의]	43 열정
10 값비싼, 소중한	27 비슷하게	44 도표
11 상황, 환경	28 약간	45 줄이다
12 수도, 자본, 주요한	29 매년의	46 제안하다
13 할인	30 내부의	47 관심[을 끌다]
14 …을 알아차리다, 예고	31 광고	48 중대한
15 등록하다	32 신용(거래)	49 …을 알고 있는
16 주장(하다)	33 해법	50 혼란시키다
17 쉽게	34 모양, 체형	

왕초보 탈출 영단어 **ABC**

영단어
기본 넘기기 Level 3

*Day
46 ~ **50**

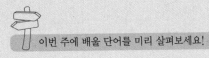

이번 주에 배울 단어를 미리 살펴보세요!

1 currency	11 employment	21 addition	31 cigarette	41 highway
2 discussion	12 principle	22 responsibility	32 response	42 opportunity
3 task	13 bit	23 account	33 lack	43 attention
4 introduction	14 criticism	24 path	34 factor	44 argument
5 metal	15 press	25 chemistry	35 option	45 decision
6 magazine	16 realize	26 status	36 prove	46 afford
7 display	17 rely	27 complain	37 contain	47 involve
8 depend	18 drug	28 prefer	38 pitch	48 definitely
9 rarely	19 intelligent	29 roughly	39 elsewhere	49 capable
10 various	20 formal	30 available	40 opposite	50 immediate

👉 **Self Test** : 뜻을 아는 단어에 ☑ 표시하세요.

☐ 1. **currency**
the charge for *currency* exchange

☐ 2. **discussion**
The *discussion* over the schedule is finished.

☐ 3. **task**
Our first *task* is to set a place.

☐ 4. **introduction**
It is explained in the *introduction*.

☐ 5. **metal**
The cover is made of *metal*.

☐ 6. **magazine**
This *magazine* reported the event in detail.

☐ 7. **display**
Sporting goods are on *display* at this store.

☐ 8. **depend**
It *depend*s on your length of service.

☐ 9. **rarely**
He *rarely* drinks.

☐ 10. **various**
You can try in *various* ways.

📖 **Learn** : 모르는 단어 위주로 학습하세요

1. **currency** [kə́ːrənsi] [커런씨]

> 명 통화
>
> prepare cash in local ***currency***
> 현지 **통화**로 현금을 준비하다

2. **discussion** [diskʌ́ʃən] [디스커션]

> 명 논의
>
> What is the topic of ***discussion***?
> **토의** 주제가 무엇입니까?

3. **task** [tæsk] [테스ㅋ]

> 명 과제
>
> Losing *weight is not an easy ***task***.　　*2-Day10
> 체중 감량은 쉽지 않은 **과제**이다.

4. **introduction** [intrədʌ́kʃən] [인트러덕션]

> 명 도입, 안내문
>
> the ***introduction*** of a new technology
> 새로운 기술의 **도입**

5. **metal** [métl] [매틀]

> 명 금속
>
> Please repair this *rusty ***metal*** door.
> 이 녹슨 **철문**을 고쳐 주십시오.

✏️ *rusty [rʌ́sti]
: 녹슨

6. **magazine** [mǽgəzíːn] [매거**지**인]

명 잡지

We put an ad in a *magazine*.
잡지에 광고를 냈습니다.

7. **display** [displéi] [디ㅅ플**레**이]

명 동 전시(하다)

The modern art works are *display*ed.
현대 미술품들이 **전시**되어 있다.

8. **depend** [dipénd] [디**펜**ㄷ]

동 의존하다, 나름이다

I try not to *depend* on medicine.
나는 약을 **의존하지** 않으려고 합니다.

9. **rarely** [réərli] [**레**얼리]

부 드물게, 좀처럼 ~하지 않는다

Miracles *rarely* happen.
기적은 **좀처럼** 일어나지 않는다.

Tip!

• rarely 는 '좀처럼 ~하지 않는다'는
  부정의 이미로 자주 쓰입니다.

ex) He **rarely** goes to bed before 10pm.
    그는 10시 이전에는 좀처럼 잠을
    자지 않는다.

10. **various** [vέəriəs] [**베**어리어ㅆ]

형 여러 가지의

This event school offers *various* programs.
이번 행사는 **여러 가지** 프로그램들을 제공한다.

✏️ Self Evaluation : 빈칸에 알맞은 단어를 쓰세요.

1. the charge for [＿＿＿＿] exchange
   환전 수수료

2. The [＿＿＿＿] over the schedule is finished.
   일정에 관한 **논의**는 끝났습니다.

3. Our first [＿＿＿＿] is to set a place.
   첫 번째 **과제**는 장소를 정하는 일입니다.

4. It is explained in the [＿＿＿＿].
   그것은 **서두**에 설명되어 있습니다.

5. The cover is made of [＿＿＿＿].
   덮개가 **금속**으로 되어 있다.

6. This [＿＿＿＿] reported the event in detail.
   이 **잡지**는 사실에 대해 상세하게 기록했다.

7. Sporting goods are on [＿＿＿＿] at this store.
   스포츠용품들이 이 매장에 **전시**되어 있다.

8. It [＿＿＿＿]s on your *length of service.
   그것은 *근속 연수**에 따라** 다릅니다.

9. He [＿＿＿＿] drinks.
   그가 술 마시는 일은 **드물다**.

10. You can try in [＿＿＿＿] ways.
    다양한 방법으로 시도할 수 있습니다.

Self Test : 뜻을 아는 단어에 ☑ 표시하세요.

☐ 1. **employment**

work in (full-time / part-time) *employment*

☐ 2. **principle**

He is a man of high moral *principle*s.

☐ 3. **bit**

The design is a *bit* loud.

☐ 4. **criticism**

Their *criticism* was very useful.

☐ 5. **press**

Press the boxes down and tie them up.

☐ 6. **realize**

I soon *realize*d how well it was made.

☐ 7. **rely**

I *rely* on the internet for news.

☐ 8. **drug**

prescribed *drug* / over the counter *drug*

☐ 9. **intelligent**

Some animals are amazingly *intelligent*.

☐ 10. **formal**

You should get *formal*ly dressed.

Learn : 모르는 단어 위주로 학습하세요

1. **employment** [implɔ́imənt] [임플로이먼트]

　　명고용

　　The *employment* rate is high(low).
　　고용률이 높다(저조하다).

　　✎ *unemployment : 실업

2. **principle** [prínsəpl] [프린쓰플]

　　명원칙

　　This is a *principle* of the deal.
　　이것은 거래의 **원칙**입니다.

　　📝 **Tip!**

　　・ '주된', '교장'을 뜻하는
　　'principal'과 혼동하지
　　않도록 주의하세요!

3. **bit** [bit] [비트]

　　명조금

　　May I ask for just a *bit* more?
　　조금 더 주시겠어요?(식탁에서)

4. **criticism** [krítəsìzm] [크리티씨즘]

　　명비평

　　how to deal with the *criticism*
　　비난에 대처할 방법

5. **press** [pres] [프레쓰]

　　명언론 통누르다

　　I *press*ed carrots for juice.
　　당근을 **짜서** 주스를 만들었다.

6. **realize** [ríːəlàiz] [**리**얼라이ㅈ]

图깨닫다

I didn't **realize** it was dangerous.
나는 그것이 위험하다는 것을 **깨닫지** 못했다.

7. **rely** [rilái] [릴**라**이]

图의지하다

rely on (one's) smart phone / someone
스마트폰을 /누군가를 **의지하다**

8. **drug** [drʌg] [드러ㄱ]

图약, 약물

His **drug** test *proved negative. *3-Day49
그의 **약물** 검사가 *음성으로 판명되었다.

9. **intelligent** [intélədʒənt] [인**텔**르전ㅌ]

웹총명한

The girl was considered very **intelligent**.
그 소녀는 매우 **영특**하다고 인정을 받았다.

10. **formal** [fɔ́ːrməl] [포~멀]

웹정중한, 공식적인

He made a **formal** *apology.
그는 **공식적으로** 사과했다.

*apology [əpálədʒi]
: 사과

Self Evaluation : 빈칸에 알맞은 단어를 쓰세요.

1. work in (full-time / part-time) [   ]
   (정규**직**으로/ 시간제로) 근무하다

2. He is a man of high moral [   ]s.
   그는 도덕적 **원칙**을 굳게 고수한다.

3. The design is a [   ] loud.
   디자인이 **조금** 요란한데요.

4. Their [   ] was very useful.
   그들의 **비평**은 유익했다.

5. [   ] the boxes down and tie them up.
   상자들을 **눌러서** 묶어주세요.

6. I soon [   ]d how well it was made.
   그것이 얼마나 잘 만들어졌는지 곧 **깨달았다.**

7. I [   ] on the internet for news.
   나는 인터넷상에서 뉴스를 접한다. (인터넷을 **의존한다**)

8. *prescribed [   ] /over the counter [   ]
   *처방된 **약**/일반 **의약품**(병원 처방 없이 살 수 있는 약)

9. Some animals are *amazingly [   ] . *3-Day6
   어떤 동물들은 놀랄 만큼 **영리하다.**

10. You should get [   ]ly dressed.
    정장을 입어야 합니다.

☞ **Self Test** : 뜻을 아는 단어에 ☑ 표시하세요.

- [ ] 1. **addition**
    In *addition*, you can get the benefits of low costs.

- [ ] 2. **responsibility**
    take (share) *responsibility* for the accident

- [ ] 3. **account**
    Transfer the money into my *account*.

- [ ] 4. **path**
    Follow this bicycle *path* to the lake.

- [ ] 5. **chemistry**
    All creatures were created by *chemistry*.

- [ ] 6. **status**
    Please check the *status* of the order.

- [ ] 7. **complain**
    Don't *complain* about it anymore.

- [ ] 8. **prefer**
    I *prefer* to shop off-line.

- [ ] 9. **roughly**
    Roughly speaking, it's 2 meters wide.

- [ ] 10. **available**
    The discount tickets are *available* today.

Learn : 모르는 단어 위주로 학습하세요

1 **addition** [ədíʃən] [어디션]

명추가, 덧셈

In **addition** to your salary, you will get a bonus.
월급 외에도, **보너스**를 지급받게 될 것입니다.

2. **responsibility** [rispʌ̀nsəbíləti] [리스**판**써빌러티]

명책임

House *chores are my **responsibility** today.
오늘 집안일은 나의 **책임**이다.

*chores [tʃɔːr]
: 허드렛일

3. **account** [əkáunt] [어**카**운트]

명계좌, 회계 동간주하다

open / close a savings **acount**
예금 **계좌**를 개설/ 해약하다

4. **path** [pæθ] [패쓰]

 Tip!
찻길(street, road)과 구분!

명(비교적 좁은)길

This **path** will lead to the subway station.
이 **길**로 가면 전철역이 나옵니다.

5. **chemistry** [kémistri] [케미스트리]

명화학

A knowledge of **chemistry** will be of help.
화학적 지식이 도움이 될 것입니다.

6. **status** [stéitəs] [ㅅ테이터ㅆ]

명 신분, 상황

improve (one's) health ***status*** / social ***status***
건강 **상태**/사회적 **지위**를 향상시키다

7. **complain** [kəmpléin] [컴플레인]

동 불평하다

They ***complain***ed about the busy ticket window.
그들은 붐비는 매표소에 대하여 **불평했다**.

8. **prefer** [prifə́:r] [프리퍼~]

동 선호하다

I ***prefer*** weak coffee to strong ones.
진한 것보다는 연한 커피가 **더 좋습니다**.

9. **roughly** [rʌ́fli] [러플리]

부 대략, 거칠게

He pushed the gate open ***roughly***.
그는 문을 **거칠게** 열었다.

10. **available** [əvéiləbl] [어베일러블]

형 이용할 수 있는

Are you ***available*** tonight?
오늘 밤 시간 **있으세요?**

 Tip!

'available'의 유용한 표현!
• Is financing **available**?
  할부 가능합니까?
• Is David **available**?
  데이비드와 통화 가능할까요?
• There are no more seats **available**.
  빈자리가 없습니다.

✏ **Self Evaluation** : 빈칸에 알맞은 단어를 쓰세요.

1. In [   ], you can get the benefits of low costs.
   게다가, 낮은 가격으로 인한 이점이 있습니다.

2. take (share) [   ] for the accident
   사고의 **책임**을 갖다 (공유하다)

3. *Transfer the money into my [   ].
   돈은 내 **계좌**로 이체해 주세요.

   *transfer [træns]
   : 이체하다

4. Follow this bicycle [   ] to the lake.
   이 자전거 **도로**를 따라 호수까지 가세요.

5. All creatures were *created by [   ]. *1–Day27
   모든 생물은 **화학** 작용에 의해 창조되었다.

6. Please check the [   ] of the order.
   주문 **상황**을 점검해 주십시오.

7. Don't [   ] about it anymore.
   그것에 대하여 더 이상 **불평하지** 마세요.

8. I [   ] to shop off-line.
   나는 매장에 가서 물건을 구매하는 것이 **더 좋다**.

9. [   ] speaking, it's 2 meters wide.
   어림잡아, 넓이는 2미터 정도이다.

10. The discount tickets are [   ] today.
    오늘 할인 티켓 **사용이 가능**합니다.

☞ **Self Test** : 뜻을 아는 단어에 ☑ 표시하세요.

□ 1. **cigarette**
It's as thick as a *cigarette*.

□ 2. **response**
There was no *response* from the tax office.

□ 3. **lack**
develop a solution to the *lack* of space

□ 4. **factor**
What is the main *factor* in their success?

□ 5. **option**
A washing machine is another *option*.

□ 6. **prove**
The picture *prove*d genuine.

□ 7. **contain**
I'd like a drink *contain*ing calcium.

□ 8. **pitch**
I can't sing high-*pitch*ed melodies.

□ 9. **elsewhere**
The show will be held *elsewhere*.

□ 10. **opposite**
It's completely *opposite* to our plan.

Learn : 모르는 단어 위주로 학습하세요

1. **cigarette** [sìgərét] [씨거렡]

명 담배

How much does a pack of *cigarettes* cost?
담배 한 갑이 얼마입니까?

2. **response** [rispáns] [리스**판**씨]

명 대답, 반응

I appreciate your quick *response*.   *3-Day24
빠른 **응답** 감사드립니다.

3. **lack** [læk] [ㄹ랙]

명 부족 동 …이 없다

I *lack* the energy to support him.
그를 지원할 힘이 내겐 **없다**.

4. **factor** [fǽktər] [팩터~]

명 요인

the key *factor* for growth / evaluation
성장을/평가를 위한 주요 **요소**

5. **option** [ápʃən] [옾션]

명 선택

*You'd better wait for the next *option*.
다음 **선택**을 위해 기다리는 편이 나을 거예요.

✎ *had better
   : ~하는 편이 낫다

6. **prove** [pru:v] [프루우ㅂ]

동증명하다

I can *prove* how hard it is.
얼마나 그것이 어려운지 **증명**할 수 있다.

7. **contain** [kəntéin] [컨테인]

동…이 들어있다, …를 함유하다

This movie *contain*s many action scenes.
이 영화는 무술 장면들**이 많다.**

8. **pitch** [pitʃ] [피치]

동힘껏 던지다 명정도, 음색

He *pitch*ed the ball to *second base.
그는 공을 *2루로 **힘껏 던졌다.**

9. **elsewhere** [élshwɛər] [엘스웨어~]

부다른 곳에서

She *refused to go *elsewhere*. *2-Day27
그녀는 **다른 곳으로** 가는 것을 거절했다.

10. **opposite** [ápəzit] [아퍼짙ㅌ]

명형부전반대. 맞은편의(에)

The bank is on the *opposite* side.
은행은 **반대편**에 있습니다.

Self Evaluation : 빈칸에 알맞은 단어를 쓰세요.

1. It's *as thick as a ⬜.

   ✎ *as thick as
   : ~ 만큼 굵은

   그것은 **담배** 한 개피 정도의 굵기이다.

2. There was no ⬜ from the *tax office.

   *세무서에서 아무런 **연락**이 없었다.

3. develop a solution to the ⬜ of space

   공간 **부족**을 해결할 방법을 찾다.

4. What is the main ⬜ in their success?

   그들이 성공하게 된 주요 **요인**이 무엇입니까?

5. A washing machine is another ⬜.

   세탁기는 또 다른 **선택** 사항입니다.

6. The picture ⬜d *genuine. *2-Day35

   그림이 진품임이 **증명**되었다.

7. I'd like a drink ⬜ing calcium.

   칼슘이 **함유된** 음료수를 원합니다.

8. I can't sing high-⬜ed melodies.

   높은 **음**은 노래할 수가 없어요.

9. The show will be held ⬜.

   공개 행사가 **다른 곳에서** 개최될 것이다.

10. It's *completely ⬜ to our plan. *3-Day36

    그것은 우리의 계획과는 완전히 **반대**입니다.

👉 **Self Test** : 뜻을 아는 단어에 ☑ 표시하세요.

☐ 1. **highway**
It's about an hour ride on the *highway*.

☐ 2. **opportunity**
Maybe there will be one more *opportunity*.

☐ 3. **attention**
How can we attract his *attention*?

☐ 4. **argument**
The *argument* with them is not over yet.

☐ 5. **decision**
The *decision* depends on this meeting.

☐ 6. **afford**
We can't *afford* the time for it.

☐ 7. **involve**
Are you *involve*d in it?

☐ 8. **definitely**
I will *definitely* pay you back.

☐ 9. **capable**
Could you introduce a *capable* lawyer?

Day
50

☐ 10. **immediate**
Immediate action is needed in this situation.

Learn : 모르는 단어 위주로 학습하세요

1. **highway** [háiwèi] [하이웨이]

▨ 고속도로

Our bus just entered the *highway*.
버스가 막 **고속 도로**로 진입했다.

2. **opportunity** [ùpərtjúːnəti] [아퍼~튜너티]

▨ 기회

This is the last *opportunity* to join the discussion.
토론에 참여할 수 있는 마지막 **기회**이다.

3. **attention** [əténʃən] [어**텐**션]

▨ 주의, 집중

Please pay *attention* to me!
저에게 **집중**해 주세요!

4. **argument** [áːrgjumənt] [아~규먼트]

▨ 논쟁, 주장

We will consider your *argument*.
당신의 **주장**을 고려해 보겠습니다.

5. **decision** [disíʒən] [디**씨**전]

▨ 결정

I don't regret my *decision*.
나의 **결정**을 후회하지 않습니다.

6. **afford** [əfɔ́ːrd] [어포~드]

통여유가 되다

We can't **afford** to pay for work.
우리는 작업에 대해 지불할 **여력**이 없다.

7. **involve** [inválv] [인**벌**ㅂ]

통관련시키다, 포함하다

What does the job **involve**?
그 직업은 어떤 일과 **관련이 있습니까**?

8. **definitely** [défənitli] [**데**피닡리]

부분명히

You **definitely** like him, don't you?
당신은 **분명히** 그를 좋아하는군요, 그렇죠?

9. **capable** [kéipəbl] [**케**이퍼블]

형유능한, 할 수 있는

Are you **capable** of doing it yourself?
혼자 그 일을 다할 **수 있겠습니까**?

10. **immediate** [imíːdiət] [이**미**디얼ㅌ]

형즉각적인

I'm waiting for your **immediate** support.
즉각적인 지원을 기다리고 있습니다.

Day
50

✏️ **Self Evaluation** : 빈칸에 알맞은 단어를 쓰세요.

1. It's about an hour ride on the ⬚.
   고속도로 주행 시 약 한 시간 거리입니다.

2. Maybe there will be one more ⬚.
   아마도 한 번의 **기회**가 더 있을 것입니다.

3. How can we *attract his ⬚ ? *3-Day9
   그의 **관심**을 어떻게 끌 수 있을까요?

4. The ⬚ with them is not over yet.
   그들과의 **논쟁**이 아직 끝나지 않았다.

5. The ⬚ depends on this meeting.
   결정은 이번 회의에 달려 있다.

6. We can't ⬚ the time for it.
   그럴 만한 시간의 **여유**가 없습니다.

7. Are you ⬚ d in it?
   당신은 이 일과 **연루되어** 있습니까?

8. I will ⬚ pay you back.
   꼭 갚아드리겠습니다.

9. Could you introduce a ⬚ lawyer?
   유능한 변호사를 소개해 주시겠습니까?

10. ⬚ action is needed in this situation.
    이 상황에서는 **즉각적인** 조치가 필요하다.

Self Evaluation : 뜻을 아는 단어에 ☑ 표시하세요.

☐ 1 currency	☐ 18 drug	☐ 35 option
☐ 2 discussion	☐ 19 intelligent	☐ 36 prove
☐ 3 task	☐ 20 formal	☐ 37 contain
☐ 4 introduction	☐ 21 addition	☐ 38 pitch
☐ 5 metal	☐ 22 responsibility	☐ 39 elsewhere
☐ 6 magazine	☐ 23 account	☐ 40 opposite
☐ 7 display	☐ 24 path	☐ 41 highway
☐ 8 depend	☐ 25 chemistry	☐ 42 opportunity
☐ 9 rarely	☐ 26 status	☐ 43 attention
☐ 10 various	☐ 27 complain	☐ 44 argument
☐ 11 employment	☐ 28 prefer	☐ 45 decision
☐ 12 principle	☐ 29 roughly	☐ 46 afford
☐ 13 bit	☐ 30 available	☐ 47 involve
☐ 14 criticism	☐ 31 cigarette	☐ 48 definitely
☐ 15 press	☐ 32 response	☐ 49 capable
☐ 16 realize	☐ 33 lack	☐ 50 immediate
☐ 17 rely	☐ 34 factor	

배운 단어를 얼마나 기억하세요? 정답은 270page 참조
• 맞은 갯수 30개 이하: 수고하셨어요. 한 번만 더 복습^^
• 맞은 갯수 30개 이상: OK! 어려운 단어 복습
• 맞은 갯수 40개 이상: Very Good!!

Self Evaluation : 빈칸을 채워 보세요.

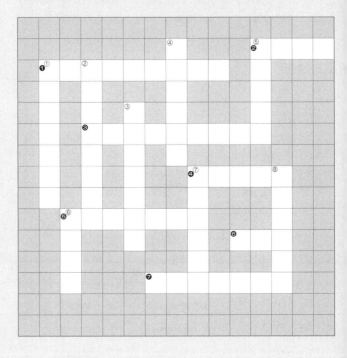

🔑 [세로열쇠]

① Are you [____]d in it?

② This [____] reported the event in detail.

③ Could you introduce a [____] lawyer?

④ He [____] drinks.

⑤ The picture [____]d genuine.

⑥ I [____] on the internet for news.

⑦ I [____] to shop off-line.

⑧ Please check the [____] of the order.

🔑 [가로열쇠]

❶ [____] action is needed in this situation.

❷ Follow this bicycle [____] to the lake.

❸ The discount tickets are [____] today.

❹ [____] the boxes down and tie them up.

❺ I soon [____]d how well it was made.

❻ I think the design is a [____] loud.

❼ You can try in [____] ways.

☀ Self Evaluation : 뜻 해석

1 통화	18 약, 약물	35 선택
2 논의	19 총명한	36 증명하다
3 과제	20 정중한, 공식적인	37 …이 들어있다
4 도입	21 추가	38 힘껏 던지다
5 금속	22 책임	39 다른 곳에서
6 잡지	23 계좌, 회계	40 맞은편의(에)
7 전시(하다)	24 길	41 고속도로
8 의존하다	25 화학	42 기회
9 드물게	26 신분, 상황	43 주의, 집중
10 여러 가지의	27 불평하다	44 논쟁, 주장
11 고용	28 …을 더 선호하다	45 결정
12 원칙	29 대략, 거칠게	46 여유가 되다
13 조금	30 이용할 수 있는	47 관련시키다, 포함하다
14 비평	31 담배	48 분명히
15 언론, 누르다	32 대답, 반응	49 유능한
16 깨닫다	33 부족(하다)	50 즉각적인
17 의지하다	34 요인	

왕초보 탈출 영단어 ABC

영단어
기본 넘기기 `Level 3`

*Day
51 ~ **55**

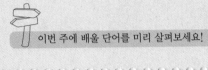

이번 주에 배울 단어를 미리 살펴보세요!

1 author	11 phase	21 desire	31 objective	41 emphasis
2 statement	12 complaint	22 depth	32 application	42 storage
3 staff	13 reference	23 cell	33 description	43 property
4 education	14 president	24 evidence	34 appearance	44 secretary
5 plenty	15 imagination	25 union	35 anticipate	45 location
6 represent	16 ensure	26 alcohol	36 assume	46 generate
7 expand	17 obtain	27 describe	37 occasionally	47 compare
8 automatically	18 initially	28 consist	38 physically	48 previously
9 comfortable	19 joint	29 forth	39 typical	49 loose
10 pregnant	20 several	30 responsible	40 successful	50 educational

👉 **Self Test** : 뜻을 아는 단어에 ☑ 표시하세요.

☐ 1. **author**
The ***author***'s style is very unique.

☐ 2. **statement**
The public ***statement*** will be reported.

☐ 3. **staff**
The ***staff*** meeting is scheduled at 2 o'clock.

☐ 4. **education**
He lived his life for ***education***.

☐ 5. **plenty**
Plenty of knowledge is required for this task.

☐ 6. **represent**
What does the chart ***represent***?

☐ 7. **expand**
Our market will be ***expand***ed to Europe.

☐ 8. **automatically**
The machine will ***automatically*** stop.

☐ 9. **comfortable**
I feel ***comfortable*** living in the countryside.

☐ 10. **pregnant**
This seat is for ***pregnant*** women.

📖 **Learn** : 모르는 단어 위주로 학습하세요

1. **author** [ɔ́ːθər] [오써~]

　　명 작가

　　I have met the ***author*** of this book before.
　　이 책의 **저자**를 만난 적이 있습니다.

2. **statement** [stéitmənt] [스테잍먼트]

　　명 진술

　　The point of the ***statement*** is not clear.
　　진술의 요점이 분명하지 않다.

3. **staff** [stæf] [스탶프]

　　명 직원

　　Our company needs more ***staff***.
　　우리 회사는 **직원**이 더 필요하다.

4. **education** [èdʒukéiʃən] [에쥬케이션]

　　명 교육

　　Please include safety ***education***.
　　안전**교육**을 포함시켜 주십시오.

5. **plenty** [plénti] [플렌티]

　　명 많음 형 많은

　　We had ***plenty*** of rest during the vacation.
　　휴가 기간에 **충분한** 휴식을 취하였다.

6. **represent** [rèprizént] [레프리젠트]

동나타내다, 대표하다

I *represent* people living in this apartment.
나는 이 아파트에 사는 사람들을 **대표한다**.

7. **expand** [ikspǽnd] [익스펜드]

동확대되다[시키다]

I *expand*ed the range of studies.
연구의 범위를 **확대하였다**.

8. **automatically** [ɔ̀:təmǽtikəli] [오터매티컬리]

부자동적으로

This system is *automatically* upgraded.
이 시스템은 **자동적으로** 업그레이드(기능이 향상)된다.

9. **comfortable** [kʌ́mfərtəbəl] [컴퍼터블]

형편안한

Is there a more *comfortable* chair?
좀 더 **편안한** 의자 있습니까?

10. **pregnant** [prégnənt] [프레그넌트]

형임신한

This drink is not good for *pregnant* women.
이 음료는 **임산부들**에게 좋지 않다.

✏️ **Self Evaluation** : 빈칸에 알맞은 단어를 쓰세요.

1. The ⬚⬚⬚⬚ 's style is very *unique. *3-Day38*

   그 **작가**의 문체가 매우 독특합니다.

2. The public ⬚⬚⬚⬚ will be reported.

   공식 **진술**이 보도될 것이다.

3. The ⬚⬚⬚⬚ meeting is scheduled at 2 o'clock.

   직원회의가 2시로 잡혀 있다.

4. He lived his life for ⬚⬚⬚⬚ .

   그는 **교육**을 위해 일생을 살았다.

5. ⬚⬚⬚⬚ of knowledge is required for this task.

   이 일에는 **충분한** 지식이 요구된다.

6. What does the chart ⬚⬚⬚⬚ ?

   도표는 무엇을 **나타내고** 있습니까?

7. Our market will be ⬚⬚⬚⬚ ed to Europe.

   우리의 시장은 유럽으로 **확대**될 것이다.

8. The machine will ⬚⬚⬚⬚ stop.

   이 기계는 **자동으로** 멈춥니다.

9. I feel ⬚⬚⬚⬚ living in the countryside.

   나는 시골에서 사는 것이 **편안하다**.

10. This seat is for ⬚⬚⬚⬚ women.

    이 좌석은 **임산부**를 위한 것이다.

☞ **Self Test** : 뜻을 아는 단어에 ☑ 표시하세요.

□ 1. **phase**
We are entering the second *phase*.

□ 2. **complaint**
Here is the list of *complaint*s.

□ 3. **reference**
Are the *reference* books on the shelf?

□ 4. **president**
Who is the *president* of the company?

□ 5. **imagination**
Please use your *imagination* in this job.

□ 6. **ensure**
Quick delivery is *ensure*d.

□ 7. **obtain**
Did you *obtain* all the materials?

□ 8. **initially**
I was alone *initially*.

□ 9. **joint**
Joint accounts will be useful.

□ 10. **several**
Please mix *several* kinds.

Learn : 모르는 단어 위주로 학습하세요

1. **phase** [feiz] [페이ㅈ]

명단계, 국면

It's already the final *phase*.
이미 마지막 **단계**까지 왔다.

2. **complaint** [kəmpléint] [컴플**레**인ㅌ]

명불평

I had no cause for *complaint*.
나는 **불평**할 이유가 없었다.

3. **reference** [réfərəns] [레퍼런ㅆ]

명참고, 언급, 추천서

Could you scan the list of *reference*s?
참고 문헌을 스캔해 주시겠어요?

4. **president** [prézədənt] [프**레**지던ㅌ]

명대통령, 회장

The new *president* was elected.
새 **회장**이 선출되었다.

5. **imagination** [imædʒənéiʃən] [이메쥬**네**이션]

명상상력

We need a creative *imagination*.
우리에게 독창적인 **상상력**이 필요하다.

6. **ensure** [inʃúər] [인**슈**어~]

  동보장하다

  Do you *ensure* it will happen?
  이 일이 일어난다고 **확신하세요**?

7. **obtain** [əbtéin] [업**테**인]

  동얻다

  I *obtain*ed a secondhand car.
  나는 중고차를 **얻었다**.

8. **initially** [iníʃəli] [이**니**셜리]

  부처음에

  Initially, I was confused with the old ones.
  처음에는 이전 것들과 혼동이 되었어요.

9. **joint** [dʒɔint] [조인트]

  형공동의 명이은자리, 관절

  This award is a *joint* effort.
  이 상은 **공동**으로 노력한 결과이다.

10. **several** [sévərəl] [**쎄**버럴]

  형몇몇의, 여러 가지의

  He worked at the hospital for *several* years.
  그는 **여러** 해 동안 병원에서 일했다.

✏️ **Self Evaluation** : 빈칸에 알맞은 단어를 쓰세요.

1. We are entering the second ⬚.
   우리는 두 번째 **단계**에 들어가고 있다.

2. Here is the list of ⬚s.
   불편 사항들을 기록한 리스트입니다.

3. Are the ⬚ books on the shelf?
   참고 서적들이 책꽂이에 있습니까?

4. Who is the ⬚ of the company?
   회사의 **사장**이 누구입니까?

5. Please use your ⬚ in this job.
   이 일에 여러분의 **상상력**을 발휘해 보세요.

6. Quick delivery is ⬚d.
   빠른 운송이 **보장됩니다**.

7. Did you ⬚ all the materials?
   재료들을 모두 **얻었습니까**?

8. I was alone ⬚.
   나는 **처음**에 혼자였다.

9. ⬚ accounts will be useful.
   공동 계좌가 유용할 거예요.

10. Please mix ⬚ kinds.
    몇 가지 종류를 섞어 주세요.

Self Test : 뜻을 아는 단어에 ☑ 표시하세요.

☐ 1. **desire**

Type in the *desire*d date and quantity.

☐ 2. **depth**

He swam down to the *depth* of 5 meters.

☐ 3. **cell**

Our *cell*s need energy and rest.

☐ 4. **evidence**

The reason is lack of *evidence*.

☐ 5. **union**

A *union* was newly formed.

☐ 6. **alcohol**

Drinking *alcohol* is banned here.

☐ 7. **describe**

Could you *describe* the accident from the beginning?

☐ 8. **consist**

It *consist*s of useful programs.

☐ 9. **forth**

I stretched *forth* my hands.

☐ 10. **responsible**

He's such a *responsible* person.

Learn : 모르는 단어 위주로 학습하세요

1. **desire** [dizáiər] [디**자**이어~]

> 몡욕구 동바라다
>
> She has a *desire* to learn.
> 그녀는 배우고자 하는 **열망**이 있다.

2. **depth** [depθ] [뎁ㅆ]

> 몡깊이
>
> Can you guess the *depth* of this river?
> 이 강의 **깊이**를 짐작하시겠어요?

3. **cell** [sel] [쎌]

> 몡세포
>
> Brain *cell*s become more active from exercising.
> 뇌**세포**는 운동을 통해 더욱 활발해진다.

4. **evidence** [évədəns] [에비던ㅆ]

> 몡증거
>
> The *evidence* will support his theory.
> 이 **증거**가 그의 이론을 증명할 것이다.

5. **union** [júːnjən] [유니온]

> 몡조합
>
> I don't belong to the *union* yet.
> 아직 **조합원**이 아닙니다.

Day
53

6. alcohol [ǽlkəhɔ̀ːl] [앨코홀]

*fermentation : 발효

명 술

All the sugar turned into *alcohol* through *fermentation.
설탕이 발효를 통해 모두 **술**이 되었다.

7. describe [diskráib] [디스크**라**이ㅂ]

동 묘사하다

The *entire process is *describe*d here. **3-Day33*
전 과정이 이 곳에 **기술되어** 있습니다.

8. consist [kənsíst] [컨**씨**스ㅌ]

동 구성되다

What does the first floor *consist* of?
1층은 어떻게 **구성되어** 있죠?

9. forth [fɔːrθ] [포~ㅆ]

부 앞으로, 밖으로

He *drew *forth* his sword.
그는 칼을 **밖으로** 뽑았다.

*drew [drú]
: *draw '당기다'의 과거

10. responsible [rispánsəbl] [리스**판**써블]

형 책임지고 있는

We are morally *responsible* for this.
우리가 이 일에 대하여 도의적인 **책임이 있습니다**.

✎ **Self Evaluation** : 빈칸에 알맞은 단어를 쓰세요.

1. Type in the [____]d date and quantity.
   원하는 날짜와 수량을 입력해 주세요.

2. He swam down to the [____] of 5 meters.
   그는 5미터 **깊이**까지 수영해서 내려갔다.

3. Our [____]s need energy and rest.
   우리의 **세포**들은 에너지와 휴식이 필요하다.

4. The reason is lack of [____].
   그 이유는 **증거**가 부족했기 때문이다.

5. A [____] was newly formed.
   조합이 새로이 조직되었다.

6. Drinking [____] is banned here.
   이곳에서는 **음주**가 금지되어 있다.

7. Could you [____] the accident from the beginning?
   사고에 대하여 처음부터 **설명해** 주시겠어요?

8. It [____]s *of useful programs.
   그것은 유익한 프로그램들로 **구성되어** 있다.

   ✎ *consist of
   : ~로 구성되다

9. I stretched [____] my hands.
   나는 두 손을 **앞으로** 뻗었다.

10. He's such a [____] person.
    그는 **책임감이** 정말로 **투철한** 사람이다.

☞ **Self Test** : 뜻을 아는 단어에 ☑ 표시하세요.

☐ 1. **objective**
by the *objective* standard (attitude)

☐ 2. **application**
The deadline for the *application* has passed.

☐ 3. **description**
Please give me a brief *description*.

☐ 4. **appearance**
We were shocked by her sudden *appearance*.

☐ 5. **anticipate**
They *anticipate*d the increase in the prices.

☐ 6. **assume**
I just *assume*d him to be a stranger.

☐ 7. **occasionally**
He is *occasionally* present at the meeting.

☐ 8. **physically**
I'm mentally and *physically* healthy.

☐ 9. **typical**
It is our *typical* life in this city.

☐ 10. **successful**
Our surprise party was *successful*.

Learn : 모르는 단어 위주로 학습하세요

1. **objective** [əbdʒéktiv] [어브**젝**티ㅂ]

　📕명목적 📘형객관적인

　The ***objective*** of this game is not clear.
　이 경기의 **목적**이 명확하지 않다.

2. **application** [æpləkéiʃən] [애플리**케**이션]

　📕명지원(서), 적용

　I'll look over your ***application***.
　제가 당신의 **신청서**를 검토할 것입니다.

3. **description** [diskrípʃən] [디스크**립**션]

　📕명서술, 설명서

　She gave me a ***description*** of the system.
　그녀는 내게 그 시스템을 **설명했다**.

4. **appearance** [əpíərəns] [어**피**어런ㅆ]

　📕명외모, 등장

　She has such a nice ***appearance***.
　그녀는 매우 수려한 **외모**를 가지고 있다.

5. **anticipate** [æntísəpèit] [엔**티**쓰페잍ㅌ]

　📗동예상하다

　I ***anticipate*** things will go smoothly.
　모든 일들이 순조로울 거라고 **예상합니다**.

6. **assume** [əsúːm] [어쑤움]

동추정하다

I **assume** that they did it *on purpose.
나는 그들이 고의로 그런 **것 같습니다.**

*on purpose
: 고의로

7. **occasionally** [əkéiʒənəli] [어케이져널리]

부가끔

We **occasionally** go to the movies.
우리는 **가끔** 영화를 보러 가기도 합니다.

8. **physically** [fízikəli] [피지컬리]

부신체적으로

I was **physically** hurt by accident.
나는 우연히 **몸에** 상처를 입었다.

9. **typical** [típikəl] [티피컬]

형전형적인, 보통의

This is a **typical** Korean restaurant.
이곳은 **전형적인** 한국 식당입니다.

10. **successful** [səksésfəl] [썩쎄ㅅ플]

형성공한

follow **successful** examples (leaders)
성공적인 사례들을(지도자들을) 따르다.

✏ **Self Evaluation** : 빈칸에 알맞은 단어를 쓰세요.

1. by the [＿＿＿] standard (attitude)
   객관적인 기준으로(태도로)

2. The deadline for the [＿＿＿] has passed.
   신청서 마감일이 지났다.

3. Please give me a brief [＿＿＿].
   간단하게 **서술**해 주십시오.

4. We were shocked by her sudden [＿＿＿].
   그녀의 갑작스런 **등장**에 우리는 깜짝 놀랐다.

5. They [＿＿＿]d the increase in the prices.
   그들은 물가 상승을 **예견했다.**

6. I just [＿＿＿]d him to be a stranger.
   나는 그가 그저 낯선 사람**이라고 생각했다.**

7. He is [＿＿＿] present at the meeting.
   그는 회의에 **가끔씩** 참석한다.

8. I'm mentally and [＿＿＿] healthy.
   나는 정신적으로, **신체적으로** 건강하다.

9. It is our [＿＿＿] life in this city.
   이 도시에서 우리의 **일상적인** 삶은 이렇습니다.

10. Our surprise party was [＿＿＿].
    우리의 깜짝 파티는 **성공적**이었다.

👉 **Self Test** : 뜻을 아는 단어에 ☑ 표시하세요.

☐ 1. **emphasis**
He used to put *emphasis* on communication.

☐ 2. **storage**
Other key items are in *storage*.

☐ 3. **property**
The current value of the *property* is high.

☐ 4. **secretary**
She was employed as a *secretary*.

☐ 5. **location**
The *location* is not so great.

☐ 6. **generate**
Tourism *generate*d many new jobs here.

☐ 7. **compare**
Please *compare* these two functions.

☐ 8. **previously**
Have we met *previously*?

☐ 9. **loose**
The shirt (rule) is *loose*.

☐ 10. **educational**
Can you recommend an *educational* game?

📖 **Learn** : 모르는 단어 위주로 학습하세요

1. **emphasis** [émfəsis] [앰퍼씨ㅆ]

　명 역점, 강조

The *emphasis* should be on the rules.
규칙이 **강조**되어야 한다.

2. **storage** [stɔ́ːridʒ] [ㅅ**토**리쥐]

　명 저장(소)

My files should be organized for *storage*.
저장공간을 위해 파일 정리가 필요하다.

3. **property** [prápərti] [프라퍼~티]

　명 재산

He handed over his *property* to his son.
그는 그의 **재산**을 아들에게 양도했다.

4. **secretary** [sékrətèri] [쎄크러테리]

　명 비서

There is an opening for a *secretary*.
비서 직에 자리가 하나 있습니다.

5. **location** [loukéiʃən] [ㄹ로우**케**이션]

　명 장소

The restaurant is in a very good *location*.
식당 **위치**가 매우 좋네요.

6. **generate** [dʒénərèit] [제너레잍ㅌ]

동만들어 내다

This energy was ***generate***d from the sun.
이 에너지는 태양에 의해 **만들어졌다.**

7. **compare** [kəmpɛ́ər] [컴페어~]

동비교하다

Compare this draft with the old one.
이 원고를 옛날 것과 **비교해 주세요.**

8. **previously** [prí:viəsli] [프리비어쓸리]

부이전에

He didn't say that ***previously***.
그는 그것을 **이전에** 말하지 않았다.

9. **loose** [lu:s] [ㄹ루우우ㅆ]

형풀린, 느슨한

My *shoelace is ***loose***.
내 신발끈이 **풀렸다.**

✎ *shoelace [ʃu:leis]
: 신발끈

10. **educational** [èdʒukéiʃənl] [에쥬케이셔늘]

형교육적인

a better ***educational*** environment
더 나은 **교육** 환경

Self Evaluation : 빈칸에 알맞은 단어를 쓰세요.

1. He used to put [＿＿＿＿＿] on communication.

   그는 소통(의 중요성)을 **강조**해 왔다.

2. Other key items are in [＿＿＿＿＿].

   다른 주요 물품들은 **창고에 보관** 중이다.

3. The current value of the [＿＿＿＿＿] is high.

   현재 **자산** 가치가 높다.

4. She was employed as a [＿＿＿＿＿].

   그녀는 **비서**로 채용되었다.

5. The [＿＿＿＿＿] is not so great.

   장소가 별로 좋지 않다.

6. Tourism [＿＿＿＿＿]d many new jobs here.

   관광 산업이 이 곳에 많은 일자리를 **만들었다.**

7. Please [＿＿＿＿＿] these two *functions.

   두 가지 기능을 **비교해** 보세요. *3-Day56

8. Have we met [＿＿＿＿＿]?

   우리가 **전에** 만난 적이 있습니까?

9. The shirt (rule) is [＿＿＿＿＿].

   셔츠가 **헐렁**하다. (규칙이 **느슨**하다)

10. Can you recommend an [＿＿＿＿＿] game?

    교육적인 게임을 추천해 주시겠어요?

Self Evaluation : 뜻을 아는 단어에 ☑ 표시하세요.

☐ 1 author	☐ 18 initially	☐ 35 anticipate
☐ 2 statement	☐ 19 joint	☐ 36 assume
☐ 3 staff	☐ 20 several	☐ 37 occasionally
☐ 4 education	☐ 21 desire	☐ 38 physically
☐ 5 plenty	☐ 22 depth	☐ 39 typical
☐ 6 represent	☐ 23 cell	☐ 40 successful
☐ 7 expand	☐ 24 evidence	☐ 41 emphasis
☐ 8 automatically	☐ 25 union	☐ 42 storage
☐ 9 comfortable	☐ 26 alcohol	☐ 43 property
☐ 10 pregnant	☐ 27 describe	☐ 44 secretary
☐ 11 phase	☐ 28 consist	☐ 45 location
☐ 12 complaint	☐ 29 forth	☐ 46 generate
☐ 13 reference	☐ 30 responsible	☐ 47 compare
☐ 14 president	☐ 31 objective	☐ 48 previously
☐ 15 imagination	☐ 32 application	☐ 49 loose
☐ 16 ensure	☐ 33 description	☐ 50 educational
☐ 17 obtain	☐ 34 appearance	

배운 단어를 얼마나 기억하세요? 정답은 296page 참조
• 맞은 갯수 30개 이하: 수고하셨어요. 한 번만 더 복습^^
• 맞은 갯수 30개 이상: OK! 어려운 단어 복습
• 맞은 갯수 40개 이상: Very Good!!

🔑 Self Evaluation : 빈칸을 채워 보세요.

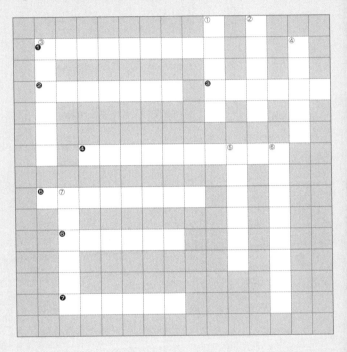

[세로열쇠]
①union ②forth ③ensure ④joint ⑤assume ⑥evidence ⑦expand

[가로열쇠]
①education ②storage ③obtain ④anticipate ⑤generate
⑥plenty ⑦desire

🔑 [세로열쇠]

① A ⬜ was newly formed.

② I stretched ⬜ my hands.

③ Quick delivery is ⬜d.

④ ⬜ accounts will be useful.

⑤ I just ⬜d him to be a stranger.

⑥ The reason is lack of ⬜.

⑦ I ⬜ed the range of studies.

🔑 [가로열쇠]

❶ He lived his life for ⬜.

❷ Other key items are in ⬜.

❸ Did you ⬜ all the materials?

❹ I ⬜ things will go smoothly.

❺ Tourism ⬜d many new jobs here.

❻ ⬜ of knowledge is required for this task.

❼ She has a ⬜ to learn.

Self Evaluation : 뜻 해석

1 작가	18 처음에	35 예상하다
2 진술	19 공동의	36 추정하다
3 직원	20 몇몇의, 여러 가지의	37 가끔
4 교육	21 욕구	38 신체적으로
5 많음	22 깊이	39 전형적인
6 나타내다, 대표하다	23 세포	40 성공한
7 확대되다[시키다]	24 증거	41 역점, 강조
8 자동적으로	25 조합	42 저장(소)
9 편안한	26 술	43 재산
10 임신한	27 묘사하다	44 비서
11 단계, 국면	28 구성되다	45 장소
12 불평	29 앞으로, 밖으로	46 만들어 내다
13 참고	30 책임지고 있는	47 비교하다
14 대통령	31 목적, 객관적인	48 이전에
15 상상력	32 지원(서)	49 풀린, 느슨한
16 보장하다	33 서술, 설명서	50 교육적인
17 얻다	34 외모, 등장	

왕초보 탈출 영단어 ABC

영단어
기본 넘기기 Level 3

*Day
56 ~ 60

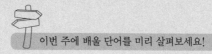

이번 주에 배울 단어를 미리 살펴보세요!

1 function	11 attitude	21 dealer	31 challenge	41 estate
2 personality	12 recommendation	22 disease	32 performance	42 aspect
3 structure	13 patience	23 conflict	33 degree	43 foundation
4 confidence	14 connection	24 agency	34 sort	44 agreement
5 payment	15 perspective	25 importance	35 deposit	45 competition
6 impact	16 expression	26 effect	36 unit	46 resource
7 raise	17 replace	27 duty	37 progress	47 possession
8 recognize	18 approach	28 abuse	38 influence	48 attempt
9 normal	19 indicate	29 electrical	39 preparation	49 emphasize
10 sensitive	20 healthy	30 critical	40 emotional	50 expensive

Self Test : 뜻을 아는 단어에 ☑ 표시하세요.

☐ 1. **function**
What *function*s does this refrigerator have?

☐ 2. **personality**
I think it fits your *personality*.

☐ 3. **structure**
The family *structure* is changing.

☐ 4. **confidence**
I followed this path with *confidence*.

☐ 5. **payment**
Did you check the *payment* record?

Day 56

☐ 6. **impact**
It's a cushion to soften the *impact*.

☐ 7. **raise**
Please *raise* your hand if you have any question!

☐ 8. **recognize**
recognize one's gift

☐ 9. **normal**
It tastes like just a *normal* cream soup.

☐ 10. **sensitive**
She is *sensitive* to cold.

📖 **Learn** : 모르는 단어 위주로 학습하세요

1. **function** [fʌ́ŋkʃən] [풩션]

> 뗑뗅기능[하다]
>
> My camera has an automatic *function*.
> 내 카메라는 자동 **기능**이 있다.

2. **personality** [pə̀ːrsənǽləti] [퍼~쓰낼러티]

> 뗑성격, 개성
>
> What is her *personality* like?
> 그녀의 **성격**은 어떻습니까?

3. **structure** [strʌ́ktʃər] [ㅅ트럭쳐~]

> 뗑구조 뗅조직하다
>
> solid financial *structure* / the sentence *structure*
> 튼튼한 재무**구조** / 문장**구조**

4. **confidence** [kánfədəns] [컨피던쓰]

> 뗑신뢰, 자신감
>
> I am full of *confidence*.
> 나는 **확신**에 차있다.(**자신** 있습니다)

5. **payment** [péimənt] [페이먼트]

> 뗑지불
>
> What about *payment* for the service?
> 서비스에 대한 **지불**은 어떻게 하실 거예요?

6. **impact** [ímpækt] [임팩트]

명영향, 충격 통영향을 주다

The event had a big *impact* on my decision.
그 일은 나의 결정에 큰 **영향을 주었다.**

7. **raise** [reiz] [레이ㅈ]

통올리다, 키우다 명인상

I *got a *raise* this month.
이번 달 월급이 **올랐다.**

*get a raise
: 급여가 오르다

8. **recognize** [rékəgnàiz] [레컥나이ㅈ]

통알아보다, 인정하다

I *recognize*d him by his accent.
말투를 듣고 그 남자임을 **알았어요.**

9. **normal** [nɔ́ːrməl] [노~멀]

형정상[보통]의 명평균

His fever is back to *normal*.
그의 열이 내려서 **정상**으로 돌아왔다.

10. **sensitive** [sénsətiv] [쎈쓰티ㅂ]

형세심한

It is a highly *sensitive* subject.
이것은 매우 **민감한** 주제입니다.

✏️ **Self Evaluation** : 빈칸에 알맞은 단어를 쓰세요.

1. What [   ]s does this refrigerator have?
   이 냉장고는 어떤 **기능**들이 있죠?

2. I think it fits your [   ].
   이 일이 당신의 **성격**에 맞는 것 같은데요.

3. The family [   ] is changing.
   가족 **구조**가 변하고 있다.

4. I followed this path with [   ].
   나는 **확신**을 가지고 이 길을 따라갔다.

5. Did you check the [   ] record?
   지급 기록 점검하셨어요?

6. It's a cushion to soften the [   ].
   이것은 **충격**을 완화할 쿠션장치이다.

7. Please [   ] your hand if you have any question!
   질문 있으면 손 **드세요**!

8. [   ] one's *gift   *2-Day16
   ~의 재능을 **인정하다**

9. It tastes like just a [   ] cream soup.
   그저 **평범한** 크림수프 맛이 납니다.

10. She is [   ] to cold.
    그녀는 추위를 탄다.(추위에 **민감하다**)

👉 **Self Test** : 뜻을 아는 단어에 ☑ 표시하세요.

☐ 1. **attitude**

She has (an easygoing/a positive) *attitude*.

☐ 2. **recommendation**

I asked her to write a letter of *recommendation*.

☐ 3. **patience**

I lost (= am out of) *patience*.

☐ 4. **connection**

They have a *connection* with this accident.

☐ 5. **perspective**

see the world from a new *perspective*

☐ 6. **expression**

an *expression* of appreciation / love

☐ 7. **replace**

The furniture in this room will be *replace*d.

☐ 8. **approach**

How about a different way to *approach* it?

☐ 9. **indicate**

This graph *indicate*s a bright future for our business.

☐ 10. **healthy**

A balanced diet will keep us *healthy*.

Day
57

Learn : 모르는 단어 위주로 학습하세요

1. **attitude** [ǽtitjùːd] [애티튜드]

> 명 태도
>
> I was impressed with his *attitude*.
> 그의 **태도**에 감명받았다.

2. **recommendation** [rèkəməndéiʃən] [레커멘데이션]

> 명 추천
>
> He's on a diet on his doctor's *recommendation*.
> 그는 의사의 **권고**로 다이어트(식이 요법)중이다.

3. **patience** [péiʃəns] [페이션쓰]

> 명 인내력
>
> Please wait with time and *patience*!
> **인내심**과 시간을 가지고 기다리세요!

4. **connection** [kənékʃən] [커넥션]

> 명 연결, 관련성
>
> What's the problem with your internet *connection*?
> 인터넷 **연결**에 무슨 문제가 있으십니까?

5. **perspective** [pərspéktiv] [퍼~ㅅ펙티ㅂ]

> 명 관점, 전망
>
> It's all a question of *perspective*.
> 그것은 모두 **관점**의 문제다.

6. **expression** [ikspréʃən] [익스프레션]

　명표현

She read her script with *expression*.
그녀는 **감정을 넣어** 대본을 읽었다.

7. **replace** [ripléis] [리플레이쓰]

　동대신하다, 교체하다

Please *replace* batteries!
건전지를 **교체**하십시오!

8. **approach** [əpróuʧ] [어프로우치]

　동다가가다(오다) 명접근

I heard a bus *approach*ing.
버스가 **오는** 소리를 들었다.

9. **indicate** [índikèit] [인디케잍트]

　동나타내다, 지적하다

The numbers *indicate* prices.
이 숫자들은 가격을 **나타냅니다**.

10. **healthy** [hélθi] [헬씨]

　형건강한

How do you stay *healthy*?
어떻게 **건강**을 유지하십니까?

Self Evaluation : 빈칸에 알맞은 단어를 쓰세요.

1. She has (an easygoing/a positive) _____ .
   그녀의 **태도**가 태평하다/긍정적이다.

2. I asked her to write a letter of _____ .
   그녀에게 **추천서**를 부탁했다.

3. I lost (=am out of) _____ .
   더 이상 **인내**할 수 없다.

4. They have a _____ with this accident.
   그들은 이 사건과 **관계**가 있다.

5. see the world from a new _____
   새로운 **시각**으로 세상을 보다.

6. an _____ of appreciation / love
   감사의 /사랑의 **표현**

7. The furniture in this room will be _____ d.
   이 방의 가구가 **교체될** 것입니다.

8. How about a different way to _____ it?
   다른 방법으로 **접근하는** 것은 어떨까요?

9. This graph _____ s a bright future for our business
   이 그래프는 우리 사업의 밝은 미래를 **나타낸다**.

10. A balanced diet will keep us _____ .
    균형 잡힌 식단은 우리를 **건강**하게 합니다.

👉 **Self Test** : 뜻을 아는 단어에 ☑ 표시하세요.

☐ 1. **dealer**
　　Contact the local *dealer* for assistance.

☐ 2. **disease**
　　Overwork can cause the *disease*.

☐ 3. **conflict**
　　Conflict with Jim was solved.

☐ 4. **agency**
　　The *agency* handles only apartments.

☐ 5. **importance**
　　Please don't forget the *importance* of the task.

☐ 6. **effect**
　　The environment has an *effect* on our life.

☐ 7. **duty**
　　My *duty* is to do the laundry at home.

☐ 8. **abuse**
　　I guess he is *abus*ing his power.

☐ 9. **electrical**
　　Plug it into an *electrical* outlet.

☐ 10. **critical**
　　He is *critical* of everything.

Day
58

📖 **Learn** : 모르는 단어 위주로 학습하세요

1. **dealer** [díːlər] [디일러~]

　명중개인, 상인, 대리점

buy (sell) things through a **dealer**
중개인을 통해 물건을 구매하다(팔다)

2. **disease** [dizíːz] [디지이ㅈ]

　명질병

*prevent (treat) **disease** *3-Day38
질병을 예방(치료)하다

3. **conflict** [kənflíkt] [컨플릭ㅌ]

　명갈등

I think Sam has a **conflict** with her.
샘이 그녀와 갈등이 있는 것 같다.

4. **agency** [éidʒənsi] [에이젼씨]

　명대행기관, 사무소

Ask the **agency** for the *reservation.
*예약에 관해서는 사무소에 요청하세요.

5. **importance** [impɔ́ːrtəns] [임포~턴씨]

　명중요성

the **importance** of safety (good quality)
안전(좋은 품질)의 중요성

6. **effect** [ifékt] [이**팩**트]

명영향, 결과, 효과

There could be some side *effect*s.
부**작용**이 있을 수도 있습니다.

*side effect
: 부작용

7. **duty** [djú:ti] [듀티]

명의무

I fulfilled my *duty* for my country.
나는 국가에 대한 **의무**를 다했다.

8. **abuse** [əbjú:z] [어**뷰**우ㅈ]

명동남용(하다), 학대(하다)

the cases of physical child *abuse*
아동**학대**와 관련한 일

9. **electrical** [iléktrikəl] [일렉트리클]

형전기의

All *electrical* goods are 10% off.
모든 **전기** 제품을 10% 할인 판매합니다.

Day
58

10. **critical** [krítikəl] [크리티클]

형비판적인, 대단히 중요한

We have to *approach it with a *critical* eye. *3-Day57
비판적인 시각으로 접근해야 합니다.

✏ **Self Evaluation** : 빈칸에 알맞은 단어를 쓰세요.

1. Contact the local ⬚⬚⬚⬚ for assistance.
   도움이 필요하면 현지 **대리점**에 문의하십시오.

2. Overwork can cause the ⬚⬚⬚⬚.
   과로가 **질병**을 유발할 수 있다.

3. ⬚⬚⬚⬚ with Jim was solved.
   짐과의 **갈등**이 해결되었다.

4. The ⬚⬚⬚⬚ handles only apartments.
   이 **대리점**은 아파트만 취급한다.

5. Please don't forget the ⬚⬚⬚⬚ of the task.
   과제의 **중요성**을 잊지 마십시오.

6. The environment has an ⬚⬚⬚⬚ on our life.
   환경이 우리의 삶에 **영향**을 미친다.

7. My ⬚⬚⬚⬚ is to do the *laundry at home.
   우리 집에서 **내가 할 일**은 빨래이다.

   ✏ *laundry [lɔ́ːndri]
   : 세탁

8. I guess he is ⬚⬚⬚⬚ing his power.
   그가 권력을 **남용**한다는 생각이 든다.

9. Plug it into an ⬚⬚⬚⬚ *outlet.
   전기 콘센트에 플러그를 연결하세요.

   ✏ *outlet [áutlet]
   : 콘센트,매장

10. He is ⬚⬚⬚⬚ of everything.
    그는 모든 일에 트집을 잡는다.(**비판적**이다)

☞ **Self Test** : 뜻을 아는 단어에 ☑ 표시하세요.

□ 1. **challenge**
   challenge for a medal (a new record)

□ 2. **performance**
   His work *performance* is improving.

□ 3. **degree**
   obtain a bachelor's (master's /doctor's) *degree*

□ 4. **sort**
   They are *sort*ed into different place.

□ 5. **deposit**
   He wired a *deposit* to the agent.

□ 6. **unit**
   We reduced the cost per *unit*.

□ 7. **progress**
   A research is in *progress*.

□ 8. **influence**
   The sales were *influence*d by the press.

□ 9. **preparation**
   Preparation for the show was completed.

□ 10. **emotional**
   He is often *emotional* when speaking.

Day
59

Learn : 모르는 단어 위주로 학습하세요

1. **challenge** [ʧǽlindʒ] [챌린지]

명도전 통이의를 제기하다

It has been a **challeng**ing situation.
힘든 **도전**의 시간이었다.

2. **performance** [pərfɔ́:rməns] [퍼**포**~먼ㅆ]

명공연, 실행

The audience was satisfied with the **performance**s.
청중은 **공연**에 만족했다.

3. **degree** [digrí:] [디그리]

명정도, 학위

This task can be hard to a **degree**.
이 작업은 어느 **정도** 어려울 수 있습니다.

4. **sort** [sɔ:rt] [쏘~ㅌ]

명종류 통분류하다

She is *skillful at this **sort** of work.
그녀는 이런 **종류**의 일에 능숙하다.

*skillful : 능숙한

5. **deposit** [dipázit] [디**파**지ㅌ]

명예금, 보증금 통예금하다

I'd like to **deposit** some money into my account.
내 계좌에 **입금**을 하려고 합니다.

6. **unit** [júːnit] [유닡ㅌ]

　　명 (구성)단위

　　Please pack them by *unit*.
　　한 **단위**씩 포장해 주세요.

7. **progress** [prágres] [프**라**그래씨]

　　명 진행, 진전　동 나아가다

　　Are you making *progress*?
　　일이 순조롭게 **잘 되어가십니까**?

8. **influence** [ínfluəns] [**인**플루언씨]

　　명 동 영향[을 미치다]

　　The weather *influence*d our schedule.
　　날씨가 일정에 **영향**을 주었다.

9. **preparation** [prèpəréiʃən] [프레퍼**레**이션]

　　명 준비

　　I've done all the *preparation* work.
　　모든 **준비** 작업을 마쳤습니다.

10. **emotional** [imóuʃənl] [이**모**우셔늘]

　　형 감정적인, 감정의

　　He tends to get *emotional*.
　　그는 **감정적**이 되는 경향이 있다.

✎ **Self Evaluation** : 빈칸에 알맞은 단어를 쓰세요.

1. [   ] for a medal (a new record)
   메달에 (새로운 기록에)**도전**하다

2. His work [   ] is improving.
   그의 근무 **성적**이 향상되고 있다.

   ✎ *bachelor [bǽtʃələr]
   : 학사

3. obtain a *bachelor's (master's /doctor's) [   ]
   학사(석사/박사)**학위**를 받다

4. They are [   ]ed into different place.
   지역별로 **구분**되어 있어요.

5. He *wired a [   ] to the agent.
   그는 **보증금**을 중개업자에게 송금했다.

   ✎ *wired [waiərd]
   : 송금했다

6. We *reduced the cost per [   ].
   단위당 단가를 낮추었습니다.

   *3-Day45

7. A research is in [   ].
   연구가 **진행** 중이다.

8. The sales were [   ]d by the press.
   언론에 의해 판매량이 **영향을 받았다**.

9. [   ] for the show was completed.
   전시를 위한 **준비** 작업이 완료되었다.

10. He is often [   ] when speaking.
    그는 말할 때 자주 **감정적**이다.

☞ **Self Test** : 뜻을 아는 단어에 ☑ 표시하세요.

- [ ] 1. **estate**
  She has real *estate* worth one billion won.

- [ ] 2. **aspect**
  consider from every *aspect*

- [ ] 3. **foundation**
  This building has a firm *foundation*.

- [ ] 4. **agreement**
  This is an *agreement* between us.

- [ ] 5. **competition**
  He came in first at the *competition*.

- [ ] 6. **resource**
  develop (educational/ human) *resource*s

- [ ] 7. **possession**
  We took *possession* of the land.

- [ ] 8. **attempt**
  I made many *attempt*s to get my data back.

- [ ] 9. **emphasize**
  She always *emphasize*s on the rules.

Day 60

- [ ] 10. **expensive**
  It's a bit *expensive*. Could you come down a little?

Learn : 모르는 단어 위주로 학습하세요

1. **estate** [istéit] [이스테이트]

※ 명재산, 사유지

She has left her *estate* to her son.
그녀는 **재산**을 아들에게 남겼다.

2. **aspect** [金spekt] [애스펙트]

※ 명측면

Its social *aspect*s should not be ignored.
사회적인 **측면**도 간과해선 안됩니다.

3. **foundation** [faundéiʃən] [파운데이션]

※ 명근거, 기초, 설립

His speech has no *foundation*.
그의 연설은 아무 **근거**가 없다.

4. **agreement** [əgríːmənt] [어그리먼트]

※ 명동의, 합의, 계약

I think we are in *agreement*.
우리가 서로 **합의**한 것으로 생각합니다.

5. **competition** [kàmpətíʃən] [컴피티션]

※ 명경쟁, 시합

This *competition* is hosted by (the city).
이 **대회**는 (시)에서 주최한 것입니다.

6. **resource** [rí:sɔ:rs] [리**쏘**~쓰]

명 자원, 재원, 자료

You can use any of the **resource**s here.
이 곳의 어떤 **자료**든지 이용이 가능합니다.

7. **possession** [pəzéʃən] [퍼**제**션]

명 소유

The building is in her **possession**.
건물이 그녀의 **소유**이다.

8. **attempt** [ətémpt] [어**템**프트]

명동 시도(하다)

I made no **attempt** to achieve the goal.
나는 목표를 이루기 위한 **시도**를 하지 않았다.

9. **emphasize** [émfəsàiz] [**엠**퍼싸이즈]

동 강조하다

He always **emphasize**s trust.
그는 늘 신용을 **강조합니다**.

10. **expensive** [ikspénsiv] [익ㅅ**펜**씨ㅂ]

형 비싼

It's not as **expensive** as it looks.
보기보다 **비싸지** 않네요.

Day
60

Self Evaluation : 빈칸에 알맞은 단어를 쓰세요.

1. She has *real [   ] worth one*billion won.
   그녀는 10억 가치의 **부동산**이 있다.
   *real estate : 부동산
   *billion : 10억

2. consider from every [   ]
   모든 **측면**에서 고려하다

3. This building has a *firm [   ]. *2–Day14
   이 건물은 **기초**가 튼튼합니다.

4. This is an [   ] between us.
   이것은 우리 둘 사이의 **합의 사항**입니다.

5. He came in first at the [   ].
   그가 **대회**에서 1등을 했다.

6. develop (educational / human) [   ]s
   (교육 **자료**를 / 인적 **자원**을) 개발하다.

7. We took [   ] of the land.
   우리가 그 땅을 **갖게** 되었다.

8. I made many [   ]s to get my data back.
   자료를 되돌리려고 여러 번 **시도**했다.

9. She always [   ]s on the rules.
   그녀는 늘 규칙을 **강조한다**.

10. It's a bit [   ]. *Could you come down a little?
    좀 **비싼데** 깎아주실 수 있으세요?
    *come down
    : 내려오다, 낮추다

Self Evaluation : 뜻을 아는 단어에 ☑ 표시하세요.

☐ 1 function	☐ 18 approach	☐ 35 deposit
☐ 2 personality	☐ 19 indicate	☐ 36 unit
☐ 3 structure	☐ 20 healthy	☐ 37 progress
☐ 4 confidence	☐ 21 dealer	☐ 38 influence
☐ 5 payment	☐ 22 disease	☐ 39 preparation
☐ 6 impact	☐ 23 conflict	☐ 40 emotional
☐ 7 raise	☐ 24 agency	☐ 41 estate
☐ 8 recognize	☐ 25 importance	☐ 42 aspect
☐ 9 normal	☐ 26 effect	☐ 43 foundation
☐ 10 sensitive	☐ 27 duty	☐ 44 agreement
☐ 11 attitude	☐ 28 abuse	☐ 45 competition
☐ 12 recommendation	☐ 29 electrical	☐ 46 resource
☐ 13 patience	☐ 30 critical	☐ 47 possession
☐ 14 connection	☐ 31 challenge	☐ 48 attempt
☐ 15 perspective	☐ 32 performance	☐ 49 emphasize
☐ 16 expression	☐ 33 degree	☐ 50 expensive
☐ 17 replace	☐ 34 sort	

배운 단어를 얼마나 기억하세요? 정답은 322page 참조
• 맞은 갯수 30개 이하: 수고하셨어요. 한 번만 더 복습^^
• 맞은 갯수 30개 이상: OK! 어려운 단어 복습
• 맞은 갯수 40개 이상: Very Good!!

🔑 **Self Evaluation** : 빈칸을 채워 보세요.

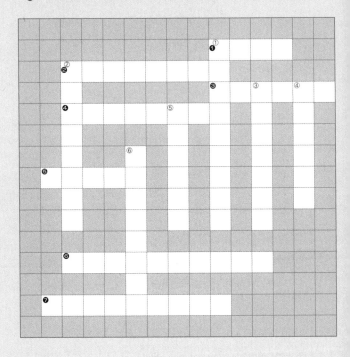

⚑ [세로열쇠]

① She is ☐ to cold.

② How about a different way to ☐ it?

③ The furniture in this room will be ☐ d.

④ consider from every ☐

⑤ She has real ☐ worth one billion won.

⑥ develop educational (human) ☐ s

⚒ [가로열쇠]

❶ They are ☐ ed into different place.

❷ She has an easygoing (a positive) ☐ .

❸ It just tastes like a ☐ cream soup.

❹ A research is in ☐ .

❺ Please ☐ your hand if you have any question!

❻ an ☐ of appreciation / love

❼ This is an ☐ between us.

Self Evaluation : 뜻 해석

1 기능[하다]	18 다가가다(오다), 접근	35 예금, 보증금
2 성격, 개성	19 나타내다(보여 주다)	36 (구성)단위
3 구조	20 건강한	37 진행, 진전
4 신뢰, 자신감	21 중개인, 상인	38 영향[을 미치다]
5 지불	22 질병	39 준비
6 영향, 충격	23 갈등	40 감정적인, 감정의
7 들어 올리다, 기르다	24 대리점	41 재산
8 알아보다	25 중요성	42 측면
9 정상[보통]의	26 영향, 결과, 효과	43 근거, 설립
10 세심한	27 의무	44 동의, 합의
11 태도	28 남용[하다]	45 경쟁, 시합
12 추천	29 전기의	46 자원, 자료
13 인내력	30 비판적인	47 소유
14 연결, 관련성	31 도전	48 시도(하다)
15 관점, 전망	32 공연, 실행	49 강조하다
16 표현	33 정도, 학위	50 비싼
17 대신하다	34 종류, 분류하다	

영단어 기본 넘기기 | Level 3

부록

appendix

Level 3 [부록] 주제별 단어장
– 필요에 따라 활용하시기 바랍니다.

특별한 날 (event)	
결혼기념일	wedding anniversary
개회식	opening ceremony
깜짝 파티	surprise party
동창회	school reunion
송년회	yearend party
송별회	farewell party
스포츠 동호회	sport club
집들이	house warming party
폐회식	closing ceremony
현장학습	field trip
환영식	welcoming ceremony
명절 (national holiday)	
절을 하다	bow on (one's) knees
제사를 지내다	have (perform) a service
친척을 방문하다	visit relatives
고향에 가다	go to (my) hometown

쇼핑 (shopping)	
(온라인으로/매장에서)구매	shop (on / off) line
10% 저렴하게 사다	buy 10% off
거스름돈	change
식품을 사러 가다	go grocery shopping
점원	salesclerk
환불 받다	get a refund

대중매체 (mass media)	
유선방송	cable channel
~을 구독하다	subscribe to ~
개봉되다	be released
발행부수	circulation
생중계하다	report live
연속극	soap opera
주연으로 출연하다	star
출연진	cast
특집	feature story(article)
히트작	blockbuster

직장 (work)	
근무 (at work)	
(토요일)이 마감이다	~is due on (Saturday)
기한에 맞추다/못 맞추다	meet/ miss the deadline
연기되다	be put off, delayed
(인계 / 인수)하다	(hand / take) over
(출근/ 퇴근)하다	go to work (leave the office)
근무시간 (hours of work)	
근무중인 /근무중이 아닌	on duty / off duty
격주로	every other week
3주에 한 번씩	every 3 weeks
야간조로 근무하다	work the night shift
초과 근무하다	work overtime
(정규직/시간제) 근무하다	work (full/part) time
결근, 부재 (absence)	
출장중인	on a business trip
파업하다	go on strike
하루 쉬다	have a day off
휴가중인	on vacation
(위치)	
본사	headquarter
지점	branch office
시작/종료 (start/stop work)	
입사하다	enter a company
사직하다	resign
승진했다	got a promotion
은퇴하다	retire
해고(하다/되다)	fire (someone) / be fired
해고되다(경영부진으로)	be laid off
급여 (payment)	
급여	wage, salary
실 수령액	net salary
연봉	annual salary
상여금	bonus
퇴직금	severance pay
주급으로 받다	get paid by the week
월급이 올랐다	got a raise

비즈니스(business)

상품/판매 (sales)

품질을 보증하다	guarantee its quality
안내서	handbook
불량품	defective goods
비매품	not for sale
매진된	sold out
판매중인	on sale
주문하다	place an order
진열하다	display

세일 (on sail)

| 창고세일 (정리품염가세일) | garage sale |
| 재고정리세일 | clearance sale |

가격 (price)

균일가	flat price
소매가	retail price
정가	list price
원가	cost
영수증	receipt

마케팅 (marketing)

매출액	sales figures
경비	expense
(순/총)이익	(net / gross) profit
손익분기점	break-even point
판매촉진	sales promotion
적자	deficit
소비자의 관심을 끌다	draw customers' attention

지위 (position)

경영진	management
이사회	board of directors
이사	director
부장, 실장	general manager
차장	assistant general director
과장	manager, branch chief
대리	assistant manager
직원	staff

부서 (department)

경리부	accounting department
기획부	planning department
영업부	sales department
인사부	personnel department
총무부	general affairs department
품질관리	quality control
고객관리	customer management

회의 (conference, meeting)

회의를 주도하다	lead a meeting
회의에 참석하다	attend a meeting
합의에 이르다	reach an agreement
다수결로/ 추첨으로	by majority / by lot
안건	agenda

금융 (finance)

구좌를 개설하다	open an account
대출을 받다	get a loan
(예금 / 인출)하다	deposit / withdraw
상환하다	pay back, pay off
송금하다	transfer
수표를 현금으로 바꾸다	cash a check
비밀번호	password
수수료	service fee
이자	interest
잔고	balance
신용카드/직불카드	(credit / debit) card
계약금, 예치금	down payment
파산하다	go bankrupt
채권자 / 채무자	creditor / debtor

계약(contract)

계약서에 서명하다	sign on the contract
계약을 갱신하다	renew the contract
계약을 연장하다	extend the contract
계약이 만료되었다	The contract was expired.

영단어 기본 넘기기 I Level 3

INDEX